Ving Tsun
Kung Fu
Die kontrollierte Aggressivität

Ansichten und Erfahrungen aus

drei Jahrzehnten

von

Ulrich Stauner

ISBN: 978-3-00-023294-7
Erstveröffentlichung als e-Book : Mai 2006

33 Bilder, 6 Grafiken, 3 chin.Schriftzeichen, 2 Tabellen, 9 DVD-Cover

Ulrich Stauner
Ving Tsun Kung Fu & Escrima International
Brunngartenstr. 5
85221 Dachau
Deutschland
Tel.: 08131 – 27 60 60
Homepage: http://www.*Ving Tsun*-kuen.de
E-Mail: ulrichstauner@aol.com

Lektorat und Herstellung: Claus Gregor

Druck & Vertrieb:

Lulu Enterprises Inc.
860 Aviation Parkway
Suite 300
Morrisville, NC 27560
United States of America

Inhaltsverzeichnis

Mit einer Hand

von Stephan Janouch

Reportage

Ich bin wütend. Er grinst nur. Das macht mich noch wütender.
Jetzt ist der richtige Augenblick. Ich schlage zu. Mit aller Kraft.
Er lacht.
Mein Schlag verfängt sich in seinen Händen, die explosionsartig und pfeilgleich nach vorne schießen.
Hoffnungslos.
Noch bevor ich meinen Arm zurückziehen kann, verspüre ich eine Hand in meinem Gesicht.
Kurze Zeit später - es dürften nur wenige Millisekunden gewesen sein – finde ich mich auf dem glatten Holzboden wieder. Ich erwarte, ähnlich einem Lamm auf der Schlachtbank – dem ich mich plötzlich sehr verbunden fühle – dass er mich mit einem Schlag in den Zustand der Bewusstlosigkeit versetzt.
Vermutlich würde mir das jetzt wie eine Erlösung vorkommen.
Stattdessen reicht er mir die Hand und sagt:
„Probier`s noch mal!“

Er, das ist Ulrich Stauner, 48 und Kung Fu-Meister aus Dachau. Ich hatte mich zwei Stunden vorher mit ihm zum Mittagessen verabredet.
„Servus, i bin da Uli“ , war seine unspektakuläre und bescheiden wirkende Begrüßung. Ebenso war

auch seine Erscheinung. Nicht übermäßig groß, nicht übermäßig breit, Brille, hohe Stirn. So gar nicht wie die Kung Fu-Meister Hollywoods, die kaum durch eine Tür passen und selbst nach dem härtesten Kampf aussehen als kämen sie vom Fotoshooting für einen Bademoden – Kalender.
Wären da nicht der ernste, durchdringende Blick und die kräftigen Unterarme gewesen, die wegen der zurückgeschobenen Ärmel des grauen Pullovers sichtbar waren, ich hätte ihn vermutlich übersehen und würde jetzt stattdessen mit dem Besitzer der Gaststätte kämpfen, in der Hoffnung etwas über Kung Fu zu erfahren.

Nachdem ich meine Glieder sortiert, meinen Hochmut gezähmt und meine Angriffsstrategie überdacht habe, wage ich den nächsten Versuch.
Uli grinst wieder – was mich bedenklich stimmt.
Ich schlage eine linke Gerade, sofort gefolgt von einer Rechten.
Uli wehrt ab.
Mühelos.
Mit einer Hand.

Warum er überhaupt mit dem Kämpfen angefangen hat, will ich wissen. „Ja mei“ , sagt er, während sein Blick zehn Stufen ernster wird.
Harte Jugend, obwohl er sich aus dem meisten Ärger rausgehalten hat.
„Nur um sicher zu gehen, eher als Versicherung“ , meint er.

Er befasst sich schon, erklärt er mir, seit den siebziger Jahren mit Kampfkunst. Judo, Ringen, Boxen, Karate, Jiu Jitsu, Taekwon-Do, Escrima und zu guter Letzt: Kung Fu.

Das hat ihn am meisten beeindruckt. Als er 1979, er hatte bereits einige Kampferfahrung, zum ersten Mal den Kung Fu-Unterricht besuchte, konnte der Lehrer alle seine Angriffe mit einer Leichtigkeit abwehren, die einen Ballett-Tänzer ins Reich der Sumo-Ringer verweisen würde. Mit nur einer Hand konnte dieser Mann seine Angriffe nicht nur abwehren, sondern ihn kurz und schmerzhaft außer Gefecht setzen.
Als „Erleuchteter“ widmete er sich fortan dieser als *Ving Tsun* (sprich: Wing Dschun: siehe Info-Kasten) bezeichneten Kung Fu-Stilrichtung, die auch der überregional bekannte Bruce Lee lange Zeit ausübte.

Er hat viel trainiert. Seminare besucht. Privatunterricht bei allen *Ving Tsun*-Meistern besucht, die er finden konnte. Bis irgendwann sein Lehrer zu einem anderen Verband wechselte. Dadurch geriet er irgendwie ins Wanken und, um nicht in das schwarze Loch zu fallen, dass sich vor ihm auftat, nahm er eine Auszeit. Seine Auszeit war Thailand.
Dort versuchte er sich ein wenig im Thai-Boxen, fand aber auch nicht die ersehnte Erfüllung seiner Kampfkunst-Träume.

Zurück in Deutschland hat er wieder *Ving Tsun* trainiert – noch härter als zuvor.
„Drei Knockouts in zwei Wochen waren eine interessante Erfahrung“ , erzählt er mit einem für sein Alter schelmisch wirkenden Grinsen.

Irgendwann, es muss wohl in den Neunzigern gewesen sein, stand er dann vor der Frage, ob er

sich als *Ving Tsun* – Lehrer selbstständig machen sollte.
Und natürlich auch ob er sich das leisten könne.
Als gelernter Bäcker hatte er es immerhin bis zum Versandleiter bei einem Lebensmittelbetrieb gebracht.
Gut bezahlt aber auch mit vielen Wochenstunden und für den in ihm steckenden Kampfkünstler so aufregend wie die zehnte Fernsehwiederholung des Traumschiffs.
Ving Tsun-Schulen hatte er vorher schon geführt, aber hauptberuflicher *Ving Tsun*-Lehrer war eine andere Dimension – auch für Uli, der zu diesem Zeitpunkt schon mit mehr Menschen gekämpft hatte, als andere Menschen in ihrem ganzen Leben kennen lernen.
Leicht gemacht hat er sich die Entscheidung nicht und es war ihm von Anfang an klar, dass er damit zwar nicht reich werden würde, aber „zumindest zufriedener".

Die ersten Jahre der *Ving Tsun*-Schule Ulrich Stauner waren dann auch nicht unbedingt einfach. Ohne die moralische und gelegentlich auch finanzielle Unterstützung seiner Lebensgefährtin hätte er vermutlich nicht durchgehalten.
Sicher, Besucher die ihn testen oder sogar herausfordern hat er auch heute noch, wenn auch deutlich seltener als in den Anfangsjahren, aber zu Beginn war es schwierig überhaupt Menschen zu finden, die unterrichtet werden wollten. Kaum jemand konnte sich für Kampfkunst begeistern und vielen waren böhmische Dörfer geläufiger als chinesische Kampfkünste.

Auch an die Delegation einer Schule, bei der er früher trainiert hatte und die ihn in seinen Räumen besuchte, erinnert er sich noch.
Man merkt, wie er diese Geschichte vor seinem inneren Auge ablaufen lässt und sich gleichzeitig die Spannung seiner Muskulatur drastisch erhöht.
„Die haben randaliert und alle Urkunden von den Wänden gerissen“ .
Die Polizei nahm alle Vier in Gewahrsam bevor sie zu Hause angekommen waren. In der Zwischenzeit hat sich die Sache aber beruhigt und er wird in Ruhe gelassen. Die Grabenkämpfe zwischen verschiedenen *Wing Chun*-Verbänden verfolgt er, wie eine Daily Soap im Fernsehen: amüsiert und nicht traurig, wenn er eine Episode verpasst.

In der Zwischenzeit kocht Uli Kaffee. Die Kaffeemaschine ist alt. Vermutlich so alt wie Uli, unke ich.
„Macht aber guten Kaffee“, sagt er untermalt von einer Bewegung seines linken Armes, dessen Zeigefinger jetzt auf mich zeigt und die vermutlich gereicht hätte um einen normal gewachsenen Mitteleuropäer zur Aufgabe zu zwingen.
In der Gewissheit, dass es noch einige Zeit dauern wird, bis sich das Wasser seinen Weg durch die verkalkten Leitungen und das Kaffeepulver gebahnt hat, erspare ich mir einen weiteren Kommentar.

Um mehr über das Wesen Ulrich Stauner zu erfahren lenke ich das Gesprächsthema kurz auf Autos. Vier Sätze später erfahre ich von seinem Freund Werner, der nach Kanada ausgewandert ist und ihm viel über *Wing Chun* beigebracht hat.

Ich versuche es mit Politik. Über die Themen Regierung, Terrorismus und Steuern landen wir in kürzester Zeit bei einem gewissen *Gary Lam*, einst berühmter Kung Fu-Kämpfer in Hongkong, jetzt *Wing Chun*-Lehrer in Los Angeles. Mit ihm trifft er sich regelmäßig um sich weiterzubilden.
Offensichtlich gilt auch im *Ving Tsun* die bekannte Stillstand – ist – Rückschritt – Regel.
Er ist der einzige *"Level–Two"* – zertifizierte *Ving Tsun*-Lehrer in Bayern.
Europaweit gibt es derzeit nur vier „ , sagt er nicht ohne Stolz und mit einem stechenden Blick, der mir ein Déjà-vu mit dem vorangegangenen schmerzhaften Bodenkontakt auslöst.

Uli ist Idealist.
Weitermachen will er, solange jemand von ihm unterrichtet werden will.
Ans aufhören denkt er noch lange nicht, im Gegenteil, erst vor kurzem hat er eine zweite Schule in München eröffnet.
Das Unterrichten macht ihm immer noch Spaß. Jeden Tag .
„Ein Tag ohne Unterricht und ich werde nervös“, beschreibt Uli seine Passion.
Dabei gerät der sonst eher nüchtern, manchmal leicht aufbrausend, sprechende Ulrich Stauner ins schwärmen.
Vom Unterrichtsaufbau redet er und von verschiedenen Übungen. Von Formen, seiner Holzpuppe (einer nicht unbedingt menschlich anmutenden, hölzernen Trainingshilfe), Seminaren und sanften Mitteln.
Kontrollieren will er seine Gegner, nicht gleich umbringen.

Dass er das kann hat er mir , etwa 10cm größer und 20kg schwerer, bewiesen.
Ob er dabei eine oder zwei Hände zur Verfügung hat ist eigentlich egal.

Geraume Zeit später ist der Kaffee fertig. Er ist gut. Eigentlich sogar sehr gut. „50 Cent /Tasse" steht auf einem kleinen, handgeschriebenen Schild neben der Kaffeemaschine – reich werden kann man mit *Ving Tsun* offenbar wirklich nicht.

***Ving Tsun* Kung Fu**

Ving Tsun ist eine Stilrichtung des chinesischen Kung Fu, dessen Ursprung nicht eindeutig geklärt ist. Bei der lautmalerischen Übersetzung des chinesischen Begriffs („schöner Frühling") gibt es die verschiedensten Schreibweisen. Während sich in Nordamerika vor allem „*Wing Chun*" etabliert hat, verwendet Sifu Stauner die von *Yip Man* u. *Wong Shun Leung* verwendete Schreibweise „*Ving Tsun*", wobei es in Europa verschiedene Schreibweisen gibt, die in der Regel mit unterschiedlichen Verbänden in Verbindung stehen. Verbreitet sind etwa: *Wing Tsun(g), Wing Tjun, Ving Chun* etc. *Ving Tsun* ist eine traditionelle chinesische Kampfkunst, die sich durch eine besondere Eignung für die Selbstverteidigung auszeichnet. Charakteristisch sind kurze, effiziente Bewegungen und das „kleben bleiben" am Gegner, das auch als *Chi Sao* bezeichnet wird.

Vorwort
von Claus Gregor

Ich kenne Sifu Ulrich Stauner bereits seit 1982. Damals war er bereits ein fortgeschrittener Schüler unter Michael Till, und ich ein blutiger Anfänger. Wir haben damals kaum miteinander trainiert. Damals war die Trennung von Fortgeschrittenen und Anfängern sehr ausgeprägt. Geheimnisse, wo man hinsah.
Die *Chum Kiu* haben wir als Anfänger nie zu Gesicht bekommen.
Uli war schon damals ein sehr ernsthafter und kompromissloser Schüler.
Aus beruflichen Gründen habe ich dann einige Zeit nichts mehr mit Wing Tsun zu tun gehabt, allerdings ist mir dieses System wegen seiner behaupteten Einfachheit und Prinzipienorientiertheit nie aus dem Sinn gegangen. So habe ich 1995 wieder damit angefangen.
1997 habe ich dann bei H.J. Reimers in München den Uli wieder getroffen. Oft sind wir uns da auch nicht begegnet, aber ich konnte ihn gut leiden, und so sind wir in Kontakt geblieben.
1998 habe ich dann bei H.J. Reimers aufgehört, nachdem ich feststellen musste, dass ich nach wie vor nichts von dem System erfahren hatte. Die Pfingstferien standen vor der Tür, und während ich die Sonne an der Ardeche in Frankreich genoss, kam plötzlich ein Anruf von Uli, wo er mich fragte,

ob ich nicht bei ihm *Ving Tsun* lernen wolle. Ein Freund würde ihm das ganze System zugänglich machen, und er wiederum würde mir alles zeigen. Nun – das war es, was ich wollte: das gesamte System kennen lernen.
Wieder zurück in München, ging ich also fortan bei Uli in die Schule. Er lernte von Sifu Werner Leuschner, der wiederum bei Sunny tang Meisterschüler war, und von diesem das gesamte System gelernt hatte.
Der Unterschied zum bisher gelernten war deutlich – Uli hatte nicht zuviel versprochen. Er hatte unter Anleitung von Werner enorme Fortschritte gemacht.
Dank seines freundlichen und bescheidenen Wesens und seiner Bereitschaft, das beste *Ving Tsun* zu vermitteln, hatte seine Schule einen guten Zulauf, und ich war gerne bereit, mit Neulingen und Fortgeschrittenen zu üben. Einige Prinzipien wurden deutlicher, aber der Durchbruch hat noch gefehlt.
Irgendwann erwähnte Uli etwas von einem noch besseren *Ving Tsun*. Zuerst skeptisch, dann aber doch bereit, es sich anzusehen, verbrachte er den Sommer .... in Los Angeles bei Master *Gary Lam*. Als er im Herbst zurückkam, war er ein anderer *Ving Tsun* Lehrer. Fast mühelos konnte er uns kontrollieren oder zumindest in unangenehme Positionen manövrieren. Hier ist es notwendig zu erwähnen, dass Uli mit Abstand der leichteste und kleinste von uns war und ist – von Frauen mal abgesehen.
Es funktionierte offenbar, was er da gelernt hat. Und es war auch klar, dass es sich um das handelte, was wir wollten, nämlich ein System, mit dem sich ein kleinerer und leichterer gegen einen

größeren und schwereren Gegner durchsetzen kann. Nur vor diesem Hintergrund macht ja die Beschäftigung mit einem Kampfsystem überhaupt Sinn. Dass der größere und schwerere den kleineren leichteren platt machen kann, ist trivial. Dass es auch umgekehrt geht, ist toll.
Eines Abends fragte er uns, ob wir das auch lernen wollten. Was für eine Frage. Alle sagten wir zu, und von da an haben wir den Level 1 geübt. Erstmals war ein Übungssystem vorhanden, mit dem man in relativ kurzer Zeit tatsächlich Kontrolle über den Gegner ausüben konnte. Erstmals wurden Prinzipien deutlich, von deren Existenz zwar überall zu lesen war, die aber bisher niemand so recht vermitteln oder auch nur demonstrieren konnte.
Klar – es gab und gibt geborene Kämpfer. Die machen das automatisch weitgehend richtig. Aber für uns Normalbürger hilft das nicht viel. Natürlich gibt es das Prinzip „Flash-Bang“: Überlaste das Informationsauswertungssystem (sprich Hirn) und gewinne dadurch. Das hat aber für mich nichts mit Kampf - KUNST zu tun. Da kann ich gleich das System AK47 verwenden – weltweit das weit verbreitetste Kampfsystem.
Die heutigen Kämpfe werden vor Gericht und in der Wirtschaft ausgetragen. Für die Selbstverteidigung hat man nach kurzer Zeit genug gelernt. Aber um eine Kampf - KUNST zu beherrschen, da braucht man etwas mehr Zeit und Hartnäckigkeit. Für mich waren und sind die Prinzipien sowieso eher von akademischem Interesse: Welche Prinzipien gibt es, und wie wirken sie zusammen? Es müsste möglich sein, diese Prinzipien so zu beschreiben, dass man einem Roboter das System beibringen könnte.

Nun – ob es diese Möglichkeit jemals geben wird, sei dahingestellt. Für mich ist es aber immerhin ein Schritt in die richtige Richtung, mit dem System von *Gary Lam* Kontrolle über den Gegner zu bekommen. Nicht mit „Flash-Bang", sondern unter Ausnutzung der gegnerischen Kraftlinien im Zusammenspiel mit optimaler Positionierung.
Genau das ist es, was mein Freund Sifu Ulrich Stauner mir demonstrieren und vermitteln kann.
Da trifft es sich sehr gut, dass er viele Meister getroffen hat, und sich viele Stilrichtungen angesehen hat.
Als Meister kommen ihm alle Stilrichtungen zu Gute. Er hat sein eigenes *Ving Tsun* gefunden.
Und mit seiner Unterstützung können wir, seine Schüler, unser *Ving Tsun* finden.
Was will ich mehr?

Im Laufe der Jahre habe ich natürlich nahezu alle Bücher gelesen, die über *Ving Tsun* in englischer oder deutscher Sprache erschienen sind. Viele enthalten eine Unzahl von Bildern, aber gehen mit den Prinzipien nur sehr sparsam um. Theoretische Details und Feinheiten werden kaum erwähnt.
Sifu Stauner hat mit diesem Werk das alles geändert: Bilder werden nur sparsam verwendet, dafür geht er in technische Details, die umzusetzen Arbeit für Jahre bedeuten.
Somit hat er eine Grundlage geschaffen, auf der aufbauend die Verfeinerung des Systems fortschreiten kann.
Ich wünsche diesem Werk eine weite Verbreitung.

Claus Gregor

DANKE

Lieber Leser,

es bedurfte nahezu 28 Jahre an Studium und Recherche bei vielen Lehrern und *Ving Tsun* – Stilen, um meinen Schülern den heutigen Umfang an *Ving Tsun* bieten zu können.

Oft war es nicht einfach. Theoretisch könnte ich zufrieden sein und mich zurücklehnen. Ich habe erreicht was ich wollte. Nämlich *Ving Tsun* Kung Fu zu erlernen.

Doch es macht einfach ungeheuer Spaß, dieses Wissen an diejenigen weiterzugeben, die wirkliches Interesse haben.

Mit diesen Zeilen möchte ich mich daher vor allem bei meinem letzten Lehrer Master Sifu *Gary Lam*, Claus Gregor, der seit Anfang an dabei ist und ein guter Freund geworden ist, Monika Froschmaier meiner Lebensgefährtin, und meinen Freunden und Bekannten sowie bei meinen Assistenten, die mir bei den DVDs assistierten und mich beim Unterrichten unterstützen, bedanken. Sie haben mir mit ihrem Engagement und ihrer Geduld geholfen, dass ich meinen Schülern heute nicht nur Technik zeigen kann, sondern vor allem die Prinzipien und Konzepte des *Ving Tsun* Kung Fu mit Erfolg zu vermitteln in der Lage bin.

Ich hoffe, mit meinem Buch und unseren DVD,s können wir Ihnen etwas von der Fülle dieses großartigen Kung Fu - Stiles zugänglich machen und hoffen dass für alle etwas Interessantes dabei sein möge und das Buch zu einem unersetzlichen und hilfreichen Ratgeber für Sie wird.

Selbstverständlich ist das Geschriebene und sind auch die bewegten Bilder nicht allein *Ving Tsun*. Dazu bedarf es mehr als nur ein paar Zeilen oder DVDs.

Die Fülle erschließt sich erst im Laufe vieler Jahre des „Lernen Wollens".

Das Erlernen des *Ving Tsun* ist für ausdauernde Seelen, denn die Wege des Wissens sind lang.

Zum Schluss hier noch ein nicht unerheblicher Hinweis für wirklich Interessierte.

Wenn ihr Lehrer oder Meister mehr Zeit vor dem Computer verbringt um sich in irgendeinem Forum wichtig zu machen oder über andere herzuziehen und zu beleidigen, oder versucht, sich als den besten hinzustellen, usw. nehmen sie Reißaus. Glauben sie mir, Sie vergeuden bei ihm nur ihre kostbare Zeit und ihr gutes Geld.

Kein wirklicher Meister würde sich dazu herablassen sich in einem Forum selbst darzustellen.

Ebenso verhält es sich bei Großmeistern, deren Phantasie-Urkunden und Titel gar nicht mehr zu zählen sind und wahrscheinlich gekauft sind. Auch hier sollten sie schleunigst flüchten.

Freundlichst Ihr
Sifu Uli Stauner

Warum dieses Buch geschrieben wurde

Dieses Buch wurde geschrieben, wie der Titel schon besagt, aus meinen Erfahrungen und Erlebnissen, die ich nun seit meiner Anfängerzeit zusammengetragen habe.

Der Hauptgrund ist sicherlich auch, dass es bis heute keine ausreichende schriftliche Erklärung für bestimmte Aspekte des *Ving Tsun* im deutschsprachigen Raum gibt, die mich und viele Andere interessiert hätten.

Es kann durchaus sein, dass der ein oder andere Satz oder ein Zitat durchaus nicht nur aus meiner alleinigen Erfahrungen entsprungen ist oder aber auch schon des öfteren verwendet wurde, da man eben in nahezu drei Jahrzehnten vieles hört, sieht und macht, und sich eben auch nicht merkt, wo und wann man es erfuhr und von welchem Lehrer jedes einzelne Zitat stammt.

Fortgeschrittene Leser werden vieles schon wissen und ebenfalls zu Gehör oder zu sehen bekommen haben.

Nichts desto trotz denke und hoffe ich, dass aber auch viel Wissenswertes und Nützliches für jeden Leser dabei sein wird, und es zu weiteren Diskussionen wie im Vorfeld der Erscheinung Anlass geben wird.

Wie auch immer:

Viele Autoren von *Ving Tsun* – Lehrbüchern stellen das *Ving Tsun* als ein Überding dar.

Ich mag die Leute nicht, die ihre Leser und Schüler bewusst betrügen, nur um zu größerem Profit zu gelangen. Das ist nicht ehrlich.

Wer *Ving Tsun* bewusst lebt, erlangt Aufrichtigkeit und einen Sinn für Gerechtigkeit.

Der Leser, der sich ein Buch kauft, setzt voraus, dass der Verfasser auch etwas von *Ving Tsun* versteht; ansonsten würde er sich das Buch wohl kaum kaufen.

Das ist in etwa das selbe, als würde jemand ein Männermagazin mit lauter hässlichen Autos anbieten, bei dem nur auf der Titelseite eine Schönheit zu sehen ist. Obwohl der erste Anschein stimmt, findet der Leser schon beim ersten Umblättern ein Schrottauto abgedruckt. Auf allen weiteren Seiten das gleiche. Der Betrachter hatte sich das Magazin auf Grund eines schön anzuschauenden Bildes gekauft. Der Inhalt hält aber nicht, was die Verpackung verspricht.

Und so werden auch viele falsche Vorstellungen und Versprechungen über *Ving Tsun* in Umlauf gebracht.

Ich hoffe etwas mehr Licht in manchen Irrglauben mit meinen Zeilen bringen zu können.

Manche Dinge im *Ving Tsun* lassen sich nur so, wie hier im Buch erläutert beschreiben. Es ist zu hoffen, dass ich meine Schilderungen zu den Themen unmissverständlich für jeden erklärt habe. Andernfalls bin ich gerne in einem persönlichen Gespräch bereit, meine Erfahrungen und Kenntnisse darzulegen.

Ich wünsche mir, dass der Inhalt dieses Werkes ihnen eine Hilfe sein möge, sich über *Ving Tsun* Kung Fu ausreichend zu informieren und dass vielleicht auch der eine oder andere Aspekt für sie in ihrem weiteren Training hilfreich sein wird.

Ich habe dieses Buch so geschrieben, wie ich *Ving Tsun* von meinen Lehrern und Meistern erlernt habe und nun als das für mich richtige erachte.

Und ob nun ein Pfeil oder eine Kugel ins Herz meines Feindes trifft spielt keine Rolle.

Das Ergebnis wird das gleiche sein.

Meine Sichtweise wird sicher nicht mit jedem *Ving Tsun*-Praktizierenden Konform gehen, was auch nicht der Sinn diese Buches ist, sondern für den Fortgeschrittenen Anlass geben soll, das Ein oder Andere einfach zu überdenken und dem Neuling eine umfangreiche Starthilfe für sein *Ving Tsun* – Training bieten soll.

Der Leser bzw. Interessent soll hier nicht versuchen meine Erfahrungen und Erkenntnisse nachzuahmen oder zu kopieren, sondern seine eigenen Schlüsse aus diesen Erkenntnissen ziehen als Hilfe um „**SEIN**“ *Ving Tsun* gegebenenfalls zu verbessern.
In dieses Buch sollte man nichts hinein interpretieren, was nicht drin steht.

Sifu Ulrich Stauner

Es ist wirklich schwer für einen Schüler einen guten Sifu zu finden.
Aber noch viel schwerer ist es für einen Sifu, einen wirklich guten Schüler zu finden.
Anonymus

Der Vollständigkeit halber

Bitte erwarten sie nicht, dass die Beschreibungen der Techniken oder der Prinzipien in diesem Buch als vollständig angesehen werden können.

Dies würde zwar nicht den Rahmen dieser Seiten sprengen, doch lassen sich die meisten der angesprochenen Artikel oder Techniken am besten in einer persönlichen Unterweisung oder Demonstration erklären. Auch haben sie die Möglichkeit sich durch unsere DVDs mehr Informationen zu beschaffen.

Das Studium des *Ving Tsun* Kung Fu ist wie gesagt für ausdauernde Seelen, denn der Weg des Wissens ist ziemlich lang.

Sifu Stauner Ulrich

Privat-Training mit Sifu Gary Lam

Selbstverteidigung für „Kampfunwillige“

Warum machen wir „Selbstverteidigung“?

In der Regel doch hauptsächlich um in einer Auseinandersetzung nicht den Kürzeren zu ziehen. Und das alles, ohne selbst gewalttätig zu erscheinen.

Wäre es nicht genial, wenn dabei alle Angriffe wie Schläge , Tritte oder auch der Versuch uns zu packen, wirkungslos würden?

Wenn es also ein System gäbe, bei dem dieser Effekt bei zweimal wöchentlichem Training ohne allzu schweißtreibendem Training möglich wäre, mit der sich Kinder auch gegen rowdyhafte Altersgenossen zu helfen wissen und Sie sich im Alltagsleben behaupten können egal ob in öffentlichen Verkehrsmitteln, auf nächtlichen Parkanlagen, auf der Straße oder auf Veranstaltungen.

Ein Training also für jede Altersgruppe. Wäre das Erlernen eines solchen Selbstverteidigungs-Systems nicht ein Aufwand der sich auch für Sie lohnen würde?

Ving Tsun Kung Fu ist dieses System.

a) Effektivität: die *push und pull* Technik (geniale Stoß- und Ziehaktionen) lassen Schläge und Tritte wirkungslos verpuffen, weil der Gegner durch ständiges aus dem Gleichgewicht bringen kontrolliert werden kann.

b) Flexibilität: sollte der Angreifer doch mal in der Lage sein uns zu packen, helfen zusätzliche Schrittmuster um seine Balance zu brechen .
c) Intelligenz: die Logik und Einfachheit dieses Systems ist eigentlich unbeschreiblich.

Einige *Ving Tsun* Kung Fu - Prinzipien haben sich in der Praxis als besonders wirkungsvoll erwiesen:

Zum einen sind es spezielle durch Master *Gary Lam* erdachte und von Sifu Stauner Ulrich weiterentwickelten Powerkonzepte, zum anderen sind es die von Grandmaster *Yip Man* angewandten Push & Pull - Techniken, mit denen man den Gegner sehr schnell unter Kontrolle bringen kann.

In den meisten Kampfsportarten wird die Nahkampfdistanz mit allen Mitteln versucht zu vermeiden, womit der Angreifer immer wieder die Chance hat uns anzugreifen bis er letztendlich Glück hat.

Ving Tsun geht absichtlich in den Nahkampf. Beherrscht man diese Distanz, hat man auch gegen „geübte" Schläger relativ gute Chancen.

Dieses *Ving Tsun*-System kann mit dem *level one*, *level two* und *level three* in der *Ving Tsun* & Escrima International Schule von Sifu Stauner im HQ Dachau erlernt werden.

Ebenso kann unser effektives Escrima–Waffenkampf-System erlernt werden, denn wer im Umgang mit Waffen (Alltagsgegenständen) ungeübt ist, weiß im Ernstfall nicht, wie er sich dagegen zu verteidigen hat.

Denn - es kann aus einer unbewaffneten Auseinandersetzung jederzeit eine bewaffnete Auseinandersetzung werden.

Im Escrima wird mit Gegenständen/Stöcken verschiedenster Länge von Anfang an trainiert.

Diese Übungskonzepte sind grundlegender Bestandteil des *Larga Muton*-Escrima, das die raffinierten und ausgeklügelten Trainingsmethoden der alten philippinischen Escrima-Stockkämpfer weiterführt, die auf den Erfahrungen vieler Jahrhunderte beruhen und der Grund für die geniale Effektivität dieser Kampfkunst sind und von Ulrich Stauner auf die heutige Notwendigkeit angepasst wurden.

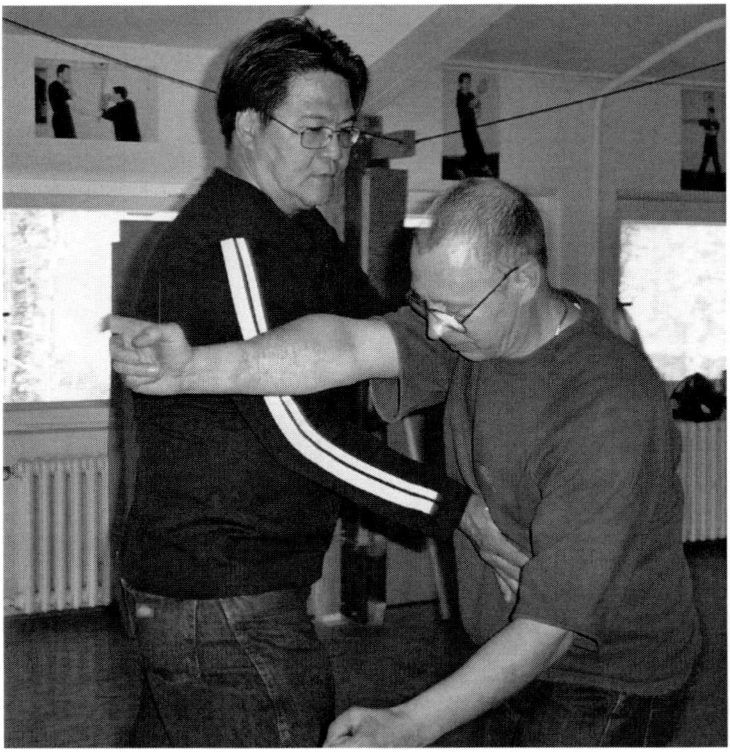

Beim Privat-Training mit Sifu Gary Lam

Was ist Ving Tsun eigentlich?
Teil 1

Wir betrachten *Ving Tsun* als ein Meisterwerk menschlicher Logik.

Eine chinesische Nonne soll aus bestehenden Kampfkünsten, vermutlich dem Kranich-Kung Fu, das *Ving Tsun* entwickelt haben. (Legende)

Vom jeweiligen Nachfolger des oder der Meister wurde es immer mehr weiterentwickelt.

Einen beträchtlichen Anteil des heute existierenden *Ving Tsun* in der heutigen Zeit ist ohne Zweifel auch den deutschen *Ving Tsun*-Kampfkünstlern Dank ihres Dranges zur Perfektion und des Bessermachens zuzuschreiben.

Heute gehen fast alle existierenden Stile auf den letzten von allen anerkannten Großmeister *Yip Man* zurück der einige äußerst begabte Schüler hatte, (*Wong Shun Leung*, *Bruce Lee*, *Ng Chun Hong* usw.) die das System in seinem Sinne weiterführten. Einer der bekanntesten heute unterrichtenden Schüler von *Wong Shun Leung*, Master *Gary Lam* , dessen Privatschüler wiederum Sifu Ulrich Stauner ist, erhalten dieses geniale Kampfkunstsystem in ihrer Gesamtheit.

Eine Kampfkunst von deren Perfektion mittlerweile fast jede andere „Mischkampfsportart“ Anleihen nimmt.

Fast jedes Fantasiegebilde der heute existierenden Kampfsportarten hat sich Techniken des *Ving Tsun* Kung Fu angeeignet und es als eigene Erfindung mit „langer Tradition“ in die jeweiligen Kampfsportarten einverleibt.

Was aber kaum eine dieser Mixkampfsportarten geschafft hat, ist die Prinzipien des *Ving Tsun* zum Funktionieren zu bringen, denn in ein paar Monaten ist *Ving Tsun* nicht zu erlernen und schon gar nicht einfach irgendwo funktionell zu integrieren.

Mit einer Entwicklung von gerade mal ca. 300 Jahren ist *Ving Tsun* das wahrscheinlich jüngste und möglicher Weise letzte wirklich „neu“ erfundene Kampfsystem.

Jede noch so intensive Recherche wird sie kein „Neues“ Kampfsystem finden lassen.

„Andere“ ja, „Neue“ nein. Es wird immer nur eine Mischung aus bereits existierendem sein.

Mit diesem Kampfkunstsystem wurden alle existierenden Prinzipien und Konzepte ausgeschöpft. Es lässt sich kein neues Prinzip mehr hinzufügen, weil es schon innewohnt.

Dies war mit ein Grund, warum *Ving Tsun* so lange als Geheimstil gehandelt wurde.

Keiner kannte es und keiner konnte sich davon eine Scheibe abschneiden.

Wir sprechen hier nicht vom Kräftemessen zweier *Ving Tsun*-Kämpfer sondern von der inhaltlichen Logik dieser zu 100% perfekten Kampfkunst.

Ving Tsun gibt keine Antworten auf gestellte Fragen sondern stellt immer eine Gegenfrage auf eine gestellte Frage.

Viele kommen zu uns in der Erwartung eines Fitnesstrainings.

Die Enttäuschung ist dann erst mal groß, wenn derjenige sieht, dass auf Grund der genialen Prinzipien und Konzepte nicht wie wild in der Gegend herumgesprungen wird und auch kein sonderlich hartes Ausdauertraining stattfindet. Dies kann jeder für sich absolvieren. Bei uns bezahlt der Schüler für *Ving Tsun* und nicht für Gymnastik, die er ja umsonst zu Hause machen kann.

Erst langsam begreift der Interessent dann, wie einfach *Ving Tsun* auf Grund eben dieser Prinzipien und nicht auf Grund irgendwelcher Supertechniken funktioniert.

Selbstverständlich ist auch klar, dass es trotzdem kontinuierlichen Trainings bedarf um wirklich gut zu werden.

Auch wenn die Kampfkunst noch so gut ist, es passiert nichts ohne eigenes Zutun.

Auch wir sind keine Zauberer. Weder der Schüler noch der Lehrer.

Selbst die beste Pistole wird ihnen nichts nützen, wenn sie nicht gelernt haben damit umzugehen.

Sie können sich nach einer Fahrprüfung getrost in jedes gängige Serienfahrzeug setzen und losfahren. Aber glauben Sie mir, in einem Ferrari geht das nicht so einfach. Das müssen Sie erst lernen. *Ving Tsun* ist nun dieser Ferrari der Kampfkünste.

Selbstverständlich komme ich auch mit einem 500ter Fiat ans Ziel. Nur, mit dem Ferrari geht's halt schneller und besser.

Viele *Ving Tsun*-Stile streiten sich untereinander, wer den nun die beste Technik hat und wessen Lehrer wohl der Beste war oder ist! Das ist lächerlich. *Ving Tsun* ist so effektiv und durchdacht, dass jeder über die gleiche Technik sowie die gleichen Prinzipien verfügt. Je weiter der Fortschritt, umso mehr eröffnen sich einem die „Geheimnisse“ dieser genialen und absolut logischen Kampfkunst.

Der eine verwendet sie früher, der andere eben später. Der eine verwendet sie so, der andere eben anders. Der eine nennt sie so, der andere eben anders.

Diese Streitereien verwirren nur den Interessenten, der sich dann logischerweise nicht mehr auskennt und sich lieber anderen Sportarten zuwendet.

Viel besser wäre es, an einem Strang zu ziehen wie beim Fußball spielen.

Selbst das schlechteste *Ving Tsun* würde noch gegen einfache Angriffe funktionieren, wenn man das „wenn der Weg frei ist, stoß vor“-Prinzip anwenden würde und nicht die Hände des Gegners verfolgen und jagen würde, um sie abzuwehren.

Ving Tsun wird umso einfacher, je mehr Prinzipien eine verwendete Technik beinhaltet.

Jeder der sich streitenden *Ving Tsun*-Lehrer hat lediglich Angst, dass einer dem Anderen seine Schüler abspenstig machen würde, was keineswegs der Fall ist, denn will sich ein Schüler von seinem Lehrer trennen, ist es meist die Charaktereigenschaft des Lehrers, das den Schüler zum Abwandern bewegt und nicht das Können des Meisters.

Ving Tsun ist kein Stil, der ständig neue Beschäftigungstherapien für seine Schüler suchen muss.

Ving Tsun ist „Fix“ und ein Kampfsystem das nur zum Zweck der eigenen Verteidigung erdacht und weiterentwickelt wurde.

Ving Tsun ist schusswaffenlose Selbstverteidigung in Perfektion und kein Spiel, das den Schüler unterhalten soll.

Wer zudem ein wirklich guter *Ving Tsun*-Kämpfer werden will, muss definitiv mehr tun als nur 1½ Stunden in der Woche am Unterricht teilnehmen.

Wer besser sein will als andere, muss auch mehr tun als andere.

Nur zum Spaß *Ving Tsun* zu machen, weil es gerade so „in“ ist, wird keinen Kämpfer aus dem jeweiligen „Mitmacher“ schaffen.

Ich möchte auch erwähnen, dass das Training in den Anfangsjahren des *Ving Tsun* bei weitem härtere Ausmaße hatte als heute, und das in jeder Hinsicht.

Es wurde mehr gekämpft/gesparrt (es gab am Anfang ein Sparringsabzeichen, das man sich erkämpfen musste), mehr auf Kondition geachtet (um das Sparring überhaupt durchzustehen), härter an sich selbst gearbeitet (man wollte ja gut sein) usw.!

Ich musste beim Sparringstraining mit Uwe Müller damals noch in der Lenaustr. in Heidelberg, in zwei Wochen drei Mal k.o. zu Boden gehen.

Blaue Flecke und auch mal Nasenbluten oder verstauchte Extremitäten waren einfach normal für das damalige Training.

Auch später noch in einer Münchner Schule musste ich nach meinem Wiederbeginn gleich am ersten Trainingstag mit einem gebrochenen Brustbein nach Hause gehen.

Heute bleiben die Schüler schon zu Hause, wenn ihnen ein Nagel abbricht, wenn das Wetter schön ist, wenn das Wetter schlecht ist, wenn die Frisur schlecht sitzt und tausend anderen Gründen – wollen aber harte und gute Kämpfer werden.

Wer nicht ein bischen einstecken kann und sich anstrengen will, hat im *Ving Tsun* bzw. in einer Kampfkunst nichts zu suchen.

Selbstverständlich sollte ein Training immer ein Training bleiben und nicht zum Ernstfall ausarten, man hat ja in der Regel am nächsten Tag zu arbeiten, aber man sollte durchhalten können und wollen.

Theorie und Praxis

Alles was wir machen im Leben hat zwei Komponenten. „die Theorie und die Praxis“!

Jeder weiß es!

Theorie und Praxis sind wie *Yin* und *Yang* – zwei Gegensätze.

So auch im *Ving Tsun*.

Wir benötigen die Theorie um diese in die Praxis umsetzen zu können, und in der Praxis zeigt sich dann, ob unsere Theorie funktioniert. Wenn nicht, müssen wir wieder zur Theorie zurückkehren (üben) und die Sache neu überarbeiten, bis es auch in der Praxis funktioniert.

Zur Theorie im *Ving Tsun* zählen wir unser tägliches Üben der Formen, der einzelnen Techniken, der *Chi Sao* Anwendung, Prinzipien usw. mit und ohne Partner.

Zur Praxis zählen wir dann das Ausführen der erlernten Technik mit einem Trainingspartner in der wirklichkeitsnäheren Umsetzung.

Doch hier müssen wir wieder in zwei verschiedenen Möglichkeiten unterscheiden.

Zum einen, die Praxis im Training und zum zweiten, die Praxis im Ernstfall.

Die Praxis im Training kann jeder gestalten, wie er gerne möchte. Der Eine möchte es etwas härter, der

Andere eben etwas sanfter. Die entsprechenden Partner werden sich finden.

Im Training kann man getrost und ohne Angst über die Trainingspraxis theoretisieren.

In der Ernstfallpraxis gibt es keinen Spielraum zum Testen mehr.

Doch woher wissen wir, ob unsere Trainingspraxis auch in der Ernstfallpraxis funktioniert?

Eigentlich überhaupt nicht!

Solange man nicht selbst diese Erfahrungen auf der Strasse gemacht hat, kann man immer nur auf die Erfahrungen des Lehrers oder seiner Vorgänger in bestimmten Situationen oder auf eigene **ähnlich** gemachte Erfahrungen vertrauen die funktioniert oder nicht funktioniert haben.

Oft werden Techniken einstudiert wie zum Beispiel bei Messerabwehren, die an Suizid grenzen. Oder vielleicht funktioniert sogar eine Pistolenabwehr, wenn der Angreifer nicht mit einer sofortigen Gegenwehr des Opfers rechnet. Jeder sollte als Alternative für sich die Möglichkeit durchdenken, ob es möglich ist diese Techniken zu verwenden und mit welchem Risiko dies dann behaftet ist.

Wenn das Risiko einer eigenen schweren Verletzung zu groß ist, ist die Technik für die Praxis höchstwahrscheinlich untauglich.

Dies gilt sowohl für die waffenlose wie auch für die bewaffnete Selbstverteidigung.

Phantasietechniken wie im Kino funktionieren in der realen Praxis nicht, weil sich unser Gegenüber als Aggressor eben anders verhält als ein Trainingspartner.

Der Gegner tut uns in der Ernstfallpraxis mit Sicherheit keinen Gefallen.

Man sollte also immer versuchen auch mit Trainingspartnern zu trainieren, die nicht nur kooperieren damit im Training alles schön ausschaut.

Im Training sollten deshalb möglichst auch Stresssituationen eingebaut werden, wie sie in der Praxis ebenfalls vorkommen.

Unser Training muss darauf ausgerichtet sein, der Ernstfallpraxis so nah wie möglich zu kommen unter Berücksichtigung, dass es immer noch Training ist.

So auch, wenn Demos oder DVDs gemacht werden. Man kann die reale Praxis nur als Showeffekt dem interessierten Publikum präsentieren, alles andere würde nur den Partner gefährden, der uns ja nur als Statist zur Verfügung steht und nicht als Prügelknabe.

Dies alles ist zu berücksichtigen, wenn Sie sich eine DVD anschauen oder ein Probetraining besuchen, das eigene Training absolvieren oder selbst darüber diskutieren, was nun Theorie und Praxis ist.

1978 beim Taekwon Do-Training mit A.Hanfstengl,
heute 5.Dan TWD

Was ist Ving Tsun eigentlich? Teil 2

Aus der Sicht von *Ving Tsun*-Meister Sifu Ulrich Stauner, Privatschüler von *Ving Tsun*-Grandmaster *Gary Lam*.

„Ving Tsun is never good looking.

Ving Tsun is only good using"

So sagt mein Lehrer immer, und er hat so Recht.

Ving Tsun ist nicht sehr schön anzuschauen, dafür aber meiner Meinung das beste im realen Kampf wenn es darauf ankommt.

Entwickelt wurde *Ving Tsun* laut Legende vor ca. 300 Jahren von einer chinesischen Nonne aus dem Shaolin-Kloster.

Damals wie heute ist *Ving Tsun* ausschließlich für die Selbstverteidigung gedacht und nicht für einen Wettkampf oder einer Show.

Auch Käfigkämpfe und UFC sind Wettkämpfe. Auch wenn die Regeln drastisch gekürzt wurden ist immer noch ein Ringrichter da, ein Zeit- und Gewichtslimit vorhanden, und die gefährlichsten Waffen des *Ving Tsun* Kung Fu dürfen nicht benutzt werden um den Gegner im Ring zu schützen.

In einer Auseinandersetzung auf der Straße interessiert es meinen Gegner einen feuchten Kehricht ob ich einen körperlichen Schaden davontrage oder sogar mein Leben verliere.

Ein weiteres Argument, alle Waffen die ich habe einzusetzen, ist, wenn ich zu Boden gehe, dass ich dann in der Regel schon verloren habe. Es gibt kaum noch Kämpfe, die wie ein Duell, Mann gegen Mann ausgetragen werden. In den meisten Fällen hab ich zwei oder mehr Gegner gegen mich, was heißt, alles zu versuchen, nicht zu Boden zu gehen.

Am Boden ist es das gleiche, als wenn ich mit dem Rücken zur Wand stehe. Da kann ich nicht mehr wegrennen, was notwendig wäre um meine Gesundheit zu bewahren.

Ein Kampf gegen mehrere Gegner ist größtenteils aussichtslos.

Außerdem, wer will schon am Boden kämpfen, wenn der Untergrund Asphalt ist, auf dem ich mich ziemlich verletzen kann? Oder mit teurer Kleidung sich in eine Pfütze oder den Dreck werfen?

Oder stellen Sie sich vor, Sie liegen am Boden und drei oder vier Angreifer spielen mit Ihrem Kopf Fußball? Was ja in unserer ach so zivilisierten Zeit gang und gäbe ist.

Also, bleiben Sie stehen.

Ein anderes Argument, *Ving Tsun* zu betreiben, war die Genialität dieses bis zur Perfektion ausgeklügelten Systems der Selbstverteidigung.

Ving Tsun kann man betreiben wie Schachspielen. Die sich ergebenden Schachzüge ändern sich unendlich. Jeder Gegner reagiert anders.

Selbstverständlich liegt es bei jedem selbst, wie gut er wird. Es hängt ausschließlich davon ab wie fleißig jemand trainiert und wie intensiv er sich mit dem System beschäftigt.

Es gibt heut zu Tage die verschiedensten *Ving Tsun* Kung Fu Stile von denen die meisten behaupten ihres ist das Beste. Heimlich gehen die Vertreter jener Stile aber dann zu anderen Meistern um sich weiterzubilden oder bessern es mit „ Bodenkampf" a la Jiu Jitsu auf, was es im *Ving Tsun* nicht gibt.

Es gibt kein Bestes *Ving Tsun* - Kung Fu. Es gibt einfach nur *Ving Tsun* - Kung Fu.

Es gibt nur bessere oder schlechtere Kämpfer, bzw. der eine ist ein besserer Kämpfer und kann dafür seine Technik nicht so gut vermitteln während der andere gut unterrichten kann und vielleicht nicht so gut im Kämpfen ist.

Ving Tsun wurde nicht erfunden um gegen *Ving Tsun* zu kämpfen sondern um die damals existierenden Stile der feindlichen Regierung besiegen zu können. Doch das scheinen viele vor lauter Geld scheffeln zu wollen noch gar nicht registriert zu haben.

Ein nicht außer Acht zu lassender Grund *Ving Tsun* Kung Fu zu betreiben , ist die verhältnismäßig schnelle Selbstverteidigungsfähigkeit von ca. sechs bis zwölf Monaten bei regelmäßigem intensiven Training.

Kein anderes System macht sie so schnell verteidigungsfähig. Das gilt für Männer wie für Frauen in gleichem Maße.

Der Grund dafür ist, das es nicht eine unübersichtliche Anzahl an verschiedenen Techniken gibt, sondern die wenigen ausgeklügelten in unendlicher Weise kombinierbar sind.

Auch gibt es im *Ving Tsun* nur sechs Formen die alle Techniken beinhalten.

Vier Waffenlose und zwei Waffenformen, die in ihrer Abfolge so aufgebaut sind, dass sie die Vorhergegangene verbessern bzw. in ihrer Anwendbarkeit verstärken. (*Biu Tse* ausgenommen)

Das heißt, ein Anfänger beginnt mit der ersten Form (Siu Lim Tao) der Basis und arbeitet sich langsam der Reihe nach zu den anderen Formen vor.

In der Regel sollte ein Schüler bei uns nach fünf bis sechs Jahren mit den waffenlosen Formen abgeschlossen haben, da es keine Geheimniskrämerei in unserer Unterrichtsweise gibt.

Nach ca. einem Jahr beginnt der Schüler in der Regel mit dem *Chi Sao* (klebende Arme), einer Art Gefühls-Training für die Arme. Das heißt, der Schüler lernt auf Druck und Richtung des Angreifers zu reagieren, was ihm erlaubt, nachdem er Kontakt mit den Armen des Gegners aufgenommen hat, fast blind zu kämpfen, da er den Kontakt zum Gegner nicht mehr aufgeben würde. Der Kopf bzw. Körper befindet sich immer zwischen den Armen.

Viele haben immer noch nicht verstanden, dass *Chi Sao* kein Kampf ist, bei dem ich versuche meinen Trainingspartner so oft als möglich zu schlagen, sondern ein reines „Fühlen lernen“ ist. Das *Chi Sao*, das zum größten Teil im europäischen Raum geübt wird, verletzt meist auf gröbste Art und Weise dessen Sinn und den Nutzen, den man daraus erzielen könnte. Aus meiner Erfahrung kann ich dazu sagen:

Wer lernt gut am Gegner „zu kleben“ , kann sich gut verteidigen.

Wer lernt sich gut vom Gegner „zu lösen“ , kann ihn gut angreifen.

Ein weiterer Vorteil des *Chi Sao* ist, das beide Arme unabhängig von einander reagieren bzw. agieren lernen womit jeder Angreifer ein fast unlösbares Problem bekommt.

Vor einer Kontaktaufnahme der Arme liegt der Vorteil im *Ving Tsun* darin, dass Angriff und Verteidigung simultan, also immer gleichzeitig ausgeführt werden.

Mein Angreifer wird also schon getroffen, während er noch gar nicht mit einem Konter rechnet.

Nämlich sofort.

Das war und ist in allen *Ving Tsun* –Stilen, die ich erlernt habe, gleich.

Was ein großes Problem in den heutigen *Ving Tsun*-Schulen ist, ist die Auffassung des Schülers.

Er glaubt, mit seinem Beitrag kauft er sich die Techniken oder den Lehrer.

Das ist ein großer Irrtum.

Der Neuling wird als Schüler aufgenommen und nicht als Kunde, der was kaufen will.

Der Lehrer (Sifu) ist kein Trainer, der jemand unterhalten will, auch wenn er seinen Unterhalt damit bestreitet.

Der Schüler kommt, um von einem Meister etwas zu lernen. Wer in eine Kung Fu-Schule kommt um sich die Zeit zu vertreiben, ist hier am falschen Platz. Wer sich die Zeit vertreiben will, sollte zum Ballspielen gehen oder sich vor den Fernseher setzen.

Kung Fu heißt übersetzt in etwa „ sich in Etwas gut machen oder hart an einer Sache arbeiten“!

Ein *Ving Tsun*-Lehrer *(*Meister*)* hat in der Regel mehrere Jahrzehnte Erfahrung und Wissen , dass er nun den Schülern weiterzugeben versucht, die zu ihm kommen um von seinem Wissen und Können zu lernen und zu profitieren.

Zum anderen hat in der heutigen Zeit auch ein *Ving Tsun*-Meister seine Raummiete zu bezahlen und für seinen Unterhalt aufzukommen, was früher seine Schüler übernommen haben. Was heißen soll: Ohne Beitrag geht es nicht mehr.

Ving Tsun lässt sich durchaus auch ins normale Leben integrieren.

Ein *Ving Tsun*-Kämpfer nimmt immer die Technik, die den meisten und schnellsten Erfolg verspricht.

Da sich *Ving Tsun*-Kung Fu nicht mit akrobatischen Techniken abgibt, (hohe Kicks, Saltos und Sprünge), kann es bis ins hohe Alter praktiziert werden. Hier steht dann nicht mehr der Kampf oder die Selbstverteidigung im Vordergrund, sondern „die eigene Gesundheit und das sich Gedanken machen über das Logische im System“ sowie die Kunst selbst! Was ja nun nicht heißen soll, sich erst im Alter Gedanken darüber zu machen.

Ving Tsun ist also ein Kampfsystem, dass mehr beinhaltet als nur gut und sicher zu kämpfen. Wobei dies aber durch die perfekte und logische Technik immer eine angenehme Begleiterscheinung sein wird.

Ving Tsun - Kung Fu ist wie eine perfekte Versicherung:

Gut, wenn ich sie nicht brauche. Doch wenn, dann ist sie da. Wehe dem, der uns dann angreift. Ein *Ving Tsun*-Clansman wird niemals dastehen wie ein

Lamm an der Schlachtbank. Derjenige, der uns angreift, muss mit verheerenden Konsequenzen rechnen. Denn, hätte er uns nicht angegriffen, wäre ihm nichts passiert.

Das wichtigste Ziel im *Ving Tsun* ist es, den Gegner so schnell und effektiv zu treffen wie nur irgend möglich. Der erste Treffer gibt uns die Möglichkeit eine gewisse Demoralisierung beim Angreifer auszulösen.

Die Konsequenz, wenn man sich nicht an dieses Prinzip hält, wird uns sofort äußerst schmerzhaft bewusst gemacht.

Ving Tsun ist das Freisetzen maximaler Aggression in einer Auseinandersetzung gegen einen oder mehrere Feinde.

In jeder Spezialeinheit der Polizei oder Armee auf dieser Welt wird dieses Prinzip erfolgreich eingesetzt, um dem Aggressor keine Chance zu geben, und ihn mit Aggression praktisch unter Druck setzt.

Aus diesem Grund erfährt auch nur derjenige wirkliches *Ving Tsun*, der bereit ist lange zu lernen.

Um das Thema Bodenkampf noch einmal kurz anzusprechen, möchte ich nochmals darauf hinweisen: *Ving Tsun* - Kung Fu ist ein schlagender (stehender) Stil.

Wir wollen uns nicht auf den Boden legen um zu kämpfen.

Ich behaupte nicht, dass es falsch ist am Boden zu kämpfen, nur in unserem *Ving Tsun* – Stil wollen wir nicht am Boden liegen. Der Prozentsatz, sich am Boden erhebliche Verletzungen zuzuziehen, ist extrem hoch wenn keine Matte dort liegt.

Es gibt traditionell keinen Bodenkampf im ***Ving Tsun***, weil es unserem Gedanken der Selbstverteidigung widerspricht.

Außerdem: Wie oft glauben sie, werden sie einen Gegner haben, der ausgebildeter *Jiu Jitsu*-Kämpfer ist oder Meister im Mixed Martial Arts oder vielleicht Ringermeister???

Ving Tsun soll in der heutigen Zeit in erster Linie helfen, dem Durchschnittsmenschen ein Werkzeug gegen Schläger und Rabauken an die Hand zu geben, denn nicht jeder der *Ving Tsun* macht, wird damit automatisch auch zum Meister, der zwanzig oder mehr Jahre Praxis hat.

Außerdem, glauben Sie wirklich allen Ernstes, wenn ihr *Ving Tsun* im Stand nicht funktioniert hat, dass es dann am Boden besser geht???

Wie entstand unser Ving Tsun und wie kam es nach Deutschland?

Vor ca. 280 bis 300 Jahren soll sich unser Kampfsystem aus dem Kung Fu der Shaolin - Mönche entwickelt haben, deren Kloster zerstört und alle Insassen ermordet wurden.

Nur vier Mönche und die Nonne *Ng Mui* konnten aus dem von den Manchus zerstörten Shaolin Kloster entkommen

Die Nonne *Ng Mui* die aus dem zerstörten Shaolin Kloster flüchten musste, betrieb vorher vermutlich das Kranich-Kung Fu. Bei der Beobachtung eines Kampfes zwischen einem Fuchs und einem Kranich kam ihr die Idee, den damals noch namenlosen Stil zu entwickeln.

Soweit die Legende.

Von *Ng Mui* lernte das Mädchen Yim *Ving Tsun* (schöner Frühling), dass angeblich von einem stadtbekannten Schläger und Wüstling bedroht wurde.

Yim *Ving Tsun* konnte ihren Gegner daraufhin mit Leichtigkeit besiegen.

Ihr zu Ehren erhielt die Kampfkunst von ihrem Mann und Schüler *Leung Bok Chao* den Namen „*Ving Tsun*“!

Von *Leung Bok Chao* lernte der Arzt *Leung Lan Kwai*, der wiederum den Schauspieler

Wong Wah Bo unterrichtete.

Diesem **Wong Wah Bo** bot der Langstockkämpfer (eigentlich wurden mit den langen Stöcken die Boote gestakt/angeschoben) *Leung Yee Tai* einen Tausch an. Er wollte seine Langstocktechniken in das *Ving Tsun* Kung Fu einbringen und dafür *Ving Tsun* erlernen.

Der Tausch kam, wie man weiß, zustande und die Stockkampf-Techniken wurden den Prinzipien des *Ving Tsun* entsprechend eingefügt.

Von *Leung Yee Tai* lernte der Arzt *Leung Jan*, dessen Schüler wiederum seine beiden Söhne

Leung Tsun und *Leung Bik* sowie *Wah der Holzmann* und *Wah der Geldwechsler* (*Chan Wah Chun*) waren.

Chan Wah Chun hatte insgesamt sechzehn Schüler aber nur sein letzter Schüler *Yip Man* bewahrte das System vor dem Aussterben .

Von *Yip Man* lernte *Wong Shun Leung* (Freund , Sihing und Trainingspartner von *Bruce Lee*).

Einer von *Wong Shun Leungs* besten Schülern ist Grandmaster *Gary Lam Man Hog*.

Sifu Stauner Ulrich wiederum konnte von mehreren Meistern und Lehrern u.a. Michael Till, Master *Gary Lam*, Master *K.R.Kernspecht* usw. das *Ving Tsun* erlernen. (siehe Portrait)!

Die Schule Sifu Stauner's existiert als feste Einrichtung nunmehr bereits seit 1999.

Sifu Stauner blickt mittlerweile selbst auf eine 28 jährige (seit Okt.1979) *Ving Tsun*-Praxis zurück. Nur die wenigsten können auf eine derart lange *Ving Tsun*-Erfahrung zurückgreifen.

Im April 2007 wurde Sifu Stauner von seinem Lehrer Grandmaster *Gary Lam* die Urkunde zum „high skill *level two Gary Lam - Ving Tsun* übergeben. In Europa gibt es momentan insgesamt nur vier „high skill *level two*" .

Eine weitere Auszeichnung ist der Eintrag von Sifu Stauner als Meister in die „hall of fame" ebenfalls im Jahre 2007.

Es genügt nicht, zum Fluss zu kommen mit dem Wunsch, Fische zu fangen, man muss schon auch das Netz mitbringen.
chinesische Weisheit

Wichtige Elemente im *Ving Tsun* sowie im Escrima

Einige der wichtigsten Elemente im *Ving Tsun* sowie auch im Escrima möchte ich hier kurz ansprechen, um dann genauer darauf einzugehen.

Einige der wichtigsten Eigenschaften im *Ving Tsun* und Escrima sind eine gute Koordination und Präzision bei der Ausführung der Techniken, Ausdauer beim Training und im Kampf, sowie ein gutes Distanzgefühl.

Bei der Koordination muss der ganze Körper mit der Angriffstechnik des Gegners sowie der eigenen Verteidigungstechnik im Einklang sein. Das heißt, es müssen auch Schritttechniken der Angriffs- bzw. Verteidigungstechnik übereinstimmen, da man sonst nie den richtigen Kampfrhythmus finden wird.

Präzision bei der Ausführung der Techniken ist unabdingbar. Man sollte niemals wahllos drauflosschlagen, da man damit dem Gegner die Möglichkeit gibt uns schwere Treffer zuzufügen. Auch ungestümes Vorwärtsgehen hat nichts mit Präzision zu tun.

Schlagen Sie wenig aber dafür genau. Schläge in die Luft bringen außer Atemnot und Konditionsproblemen nichts ein. Ein gezielter präziser Schlag wird dagegen wesentlich effektiver und auch ökonomischer bzw. kraftsparender sein.

Eine gut gesetzte Gerade ist viel besser als ein wilder Schwinger, der möglicherweise auch noch daneben geht.

Ein enorm wichtiger Bestandteil im *Ving Tsun* und Escrima ist die Ausdauer, die man zum Training mitbringen sollte. Wir sind alle keine Zauberer, die von heute auf morgen einen Meister aus Ihnen machen können.

Ein Schüler, der zu wenig Geduld und Ausdauer hat wird niemals unser System erlernen können, da ihm alles viel zu langsam geht und er deshalb die vielen wichtigen Kleinigkeiten übersieht, die das *Ving Tsun* Kung Fu und Escrima ausmachen.

Besonders wichtig ist ein ausgeprägtes Distanzgefühl. Man wird mit Sicherheit niemals einen vernünftigen und präzisen sowie wirksamen Treffer landen können, wenn dieses Distanzgefühl fehlt. Was heißen soll, dass man auch mit dem Ausweichen und Vorwärts- bzw. Rückwärtsgehen des Gegners zu rechnen hat.

Man wird keinen vernünftigen Kick oder Fauststoß anbringen können, wenn der Gegner plötzlich zu nah ist oder er einfach einen Schritt zurückweicht um unserer Technik zuvorzukommen oder auszuweichen.

Im *Ving Tsun* wird deshalb auch keine Technik gestoppt, sondern man versucht mit Maß und Ziel den Trainingspartner zu berühren bzw. zu treffen. Dies vermittelt dem Schüler dann auch, dass seine Technik wirklich der richtigen Distanz entspricht und demzufolge auch funktioniert. Die Techniken, die im Training mit leichtem Kontakt ausgeführt werden, sind dann im Ernstfall extrem hart und äußerst schmerzhaft für den Angreifer.

Jeder hat Reaktionsvermögen. Der eine mehr, der andere weniger. Steigern Sie es durch kontinuierliches Kampf- oder Kreistraining mit den verschiedensten Trainingspartnern. Da jeder Partner anders reagiert, müssen auch Sie jedes Mal anders reagieren, was Sie dann nicht auf einen einzelnen Trainingspartner festlegt sondern flexibel macht.

Zur Flexibilität ist zu sagen: Seien Sie hart, wenn der Gegner weich ist und seien Sie weich, wenn der Gegner hart ist. Nur den Vorwärtsgang zu verwenden ist nicht immer die richtige Wahl, wenn unser Gegenüber das gleiche vorhat. Den richtigen Moment für die richtige Technik zu finden gehört zur Flexibilität. Im *Ving Tsun* ist es falsches Handeln, wenn man erst denkt und dann schlägt. Die Gelegenheit bzw. die Möglichkeit zum Handeln muss man intuitiv erfassen. Man muss Lücken im Unterbewusstsein erkennen können. Dann haben Sie das beste *Ving Tsun* Kung Fu.

Hinweis:
Im Anhang finden Sie unsere Unterrichts-DVDs zum Thema Escrima

gleiche Prinzipien im Ving Tsun und Escrima

Trainingsfrust

oder

warum glaube ich, nicht weiterzukommen?

Wenn ein Schüler zu uns kommt und mit dem *Ving Tsun*-Training anfängt, bekommt und will er ständig mehr. – Mehr Techniken, mehr Formen, mehr Schläge, mehr Tritte, mehr über seinen Sifu oder seinen Sigung oder auch über die Geschichte usw. Einfach mehr.

Er will am liebsten alles wissen und erfahren und das am besten unverzüglich. Er bedrängt seinen Lehrer um neue Geschichten aus früheren Zeiten, kauft sich Bücher, Videos und DVDs um sein Wissen zu vergrößern.

Er trainiert mit Eifer, manchmal auch Übereifer und erzielt durch seinen Fleiß in der Regel natürlich auch enorme Fortschritte in kürzester Zeit.

Doch auf einmal stockt alles und ist plötzlich ganz anders. Ohne einen ersichtlichen Grund haben wir keine Lust mehr und sind in einem Trainingstief. Wir reden uns zwar ein, immer noch voll motiviert zu sein, doch in Wahrheit sind unsere Erfolge eher von geringer Natur.

Fast alle *Ving Tsun*-Praktizierenden die ich kenne, kamen irgendwann an diesen Punkt, an dem sie sich fragten: Warum komme ich nicht weiter??

Die richtige Antwort darauf wäre möglicherweise: Anstatt immer noch mehr an Wissen anzuhäufen, sollte er sich darauf konzentrieren, das viele Erlernte erst einmal zu verdauen und entsprechend zu verarbeiten bzw. zu verinnerlichen.

Das heißt, das richtige Maß an Training zu finden. Dies wird dann möglicherweise der Punkt sein, wo der Schüler erkennt oder auch nicht, dass *Ving Tsun*-Wissen keine Grenze hat, ganz egal, um welches Thema oder um welchen Aspekt es sich handelt. (in unserem Fall eben *Ving Tsun* Kung Fu und die daraus resultierenden Techniken).

Der Schüler sollte erkennen, dass dieser zugegebener Maßen umfangreiche und manchmal auch extrem langweilige Lernprozess uns mit Sicherheit zufriedener und auch viel effektiver macht.

Er soll im Endeffekt mehr über das lernen, was er schon kennt. Denn, „Kennen ist nicht Können“, wie bereits erwähnt. Mit dieser Erkenntnis wird er merken, dass manchmal „Weniger auch Mehr sein kann“ .

Das Erstaunliche daran ist, dass er sehr schnell merkt, wenn wir ihn darauf ansprechen, wie wenig er eigentlich über das schon zu können Geglaubte wirklich weiß und wie viel es darüber noch zu erfahren gibt.

Selbst wenn er eine Technik zum hundertsten Mal ausgeführt hat, wird er feststellen, dass es immer noch viel Neues und Wissenswertes darüber gibt, wenn er sich in die Kleinigkeiten vertieft. Eine Unmenge an Details wird seine Effizienz enorm steigern und ihn kontinuierlich vorankommen lassen. Wenn er nämlich mehr auf die Details achtet, verbessert er dadurch die Möglichkeiten der Anwendung seiner Technik und vertieft somit ständig sein Wissen und Können. Eine am

Anfang scheinbar einfache Technik kann sich durchaus in ein recht langes Studium verwandeln.

Eigentlich hoffen wir, dass der Schüler dann doch so lange dabei bleibt, bis er zu der Erkenntnis kommt, dass Weniger auch mehr sein kann.

Wichtig ist auf alle Fälle, geduldig und beständig zu sein, dann wird er erkennen, wie sich seine Fortschritte zugegebener Maßen nicht mehr so schnell wie am Anfang aber trotzdem kontinuierlich einstellen und sein *Ving Tsun* im Laufe der Zeit einfacher werden wird anstatt komplizierter.

Sei nicht prahlerisch, es könnte jemand dabei sein,
der dich als Kind gekannt hat.

chinesische Weisheit

Schulordnung und Etikette der Ulrich Stauner Ving Tsun-Schulen

Ving Tsun hat sich im Laufe seiner bewegten, etwa dreihundertjährigen Geschichte zu dem wohl effektivsten und bekanntesten chinesischen Selbstverteidigungssystem entwickelt. Es ist weit mehr als nur ein bloßer Zeitvertreib. *Ving Tsun* ist eine Lebensphilosophie.

Schlechtes Benehmen und Respektlosigkeit im Unterricht ist für alle unangenehm und völlig überflüssig. Es wird keiner der Schüler zum Kampfkünstler oder im speziellen zum „*Ving Tsun*-Clansman" , nur weil er im Kampf überlegen ist oder eine Form besonders gut vorführen kann. Zu einem wirklichen *Ving Tsun*-Lehrer/-Schüler gehört wesentlich mehr. Manche glauben, nur weil sie einen Beitrag bezahlen, *Ving Tsun*-T-Shirt und Schützer tragen, hätten sie das Recht, sich als „*Ving Tsun*-Clansman" zu bezeichnen.

Nicht die Graduierung, oder wie gut man im *Ving Tsun* ist, zählt am Ende, sondern die Einstellung und der Charakter.

Es reicht nicht, seinen Beitrag zu bezahlen und dann auf Erleuchtung zu warten.

Der Weg eines *Ving Tsun*-Schülers wird durch zahlreiche Regeln geprägt, die sogar oft noch aus dem alten China stammen und aus der jeweiligen Philosophie entstanden sind. Bei genauerem Hinschauen stellen wir durchaus jedoch fest, dass diese ethischen Grundsätze und Prinzipien auch in unserer modernen Gesellschaft wieder immer mehr an Bedeutung gewinnen.

Beim Umgang untereinander, im Unterricht, aber auch im täglichen Leben sollte doch gegenseitiger Respekt und Höflichkeit eine Selbstverständlichkeit sein. Das Idealbild eines „*Ving Tsun*-Clansman" sollte ebenso Charaktereigenschaften wie Höflichkeit, Hilfsbereitschaft, Ehrlichkeit, Anstand und gute Manieren neben den *Ving Tsun*-technischen Fähigkeiten beinhalten.

Der moralische und ethische Aspekt wird ebenfalls um so wichtiger, je wirkungsvoller die Techniken sind, die der Schüler im Laufe seiner Ausbildung erlernt.

Disziplin und Selbstdisziplin gehen Hand in Hand. Die soziale Intelligenz sollte ein Mindestmaß an Anpassung an die Gruppe beinhalten. Wer diese Eigenschaften nicht aufbringen kann, ist charakterlich nicht geeignet, *Ving Tsun* zu erlernen.

Auch wenn die Schulen durch den Erfolg und die Überlegenheit des *Ving Tsun* immer größer werden, soll die Qualität des Unterrichts und ganz besonders der Umgang miteinander nicht darunter zu leiden haben.

Die älteren Schüler sollen stets als Vorbild für die jüngeren Schüler dienen.

Sie sind die Mitte zwischen Sifu und Anfänger und unterstützen Sifu im Unterricht.

Es kann auf keinen Fall schaden, wenn hin und wieder mal jemand freundlich und höflich auf die Regeln von seinem älteren *Ving Tsun*-Bruder (Sihing) oder Schwester (Sije) hingewiesen wird. Im *Ving Tsun* kommt es mehr als in den meisten anderen Lebensbereichen auf Selbstbeherrschung und Selbstdisziplin an.

Deshalb ist hier bei uns kein Platz für Angeber, Schlägertypen und Besserwisser.

Dies kann jeder sofort erkennen, der zu uns kommt um *Ving Tsun* zu lernen.

Auch Karteileichen sind bei uns verpönt, auch wenn sie den wirklich Interessierten mit ihrem Mitglieds-Beitrag das Training erst ermöglichen. Viel lieber hätten wir sie natürlich auch im Training.

Zum Schluss diese Artikels noch ganz kurz ein Zitat meines ersten Sifus:

Es gibt vier Gruppen von Menschen die *Ving Tsun* nie erlernen werden.

a) der Unintelligente: Er wird *Ving Tsun* einfach nicht verstehen.
b) der Besserwisser: Er glaubt immer schon alles zu können.
c) der Arme: Er wird sich ein *Ving Tsun* Training nicht leisten können.
d) der Reiche: Er glaubt sich alles kaufen zu können.

Denken Sie mal darüber nach. Es stimmt zu hundert Prozent.

Auf der Welt gibt es nichts, was weicher und dünner ist als Wasser.
Doch um Hartes und Starres zu bezwingen, kommt nichts diesem gleich.
Dass das Schwache das Starke besiegt,
das Harte dem Weichen unterliegt,
jeder weiß es , doch keiner handelt danach.

Laotse

Professionalität in der Ving Tsun-Martial Art

Ohne Moos nix los!

Zum besseren Verständnis für viele, möchte ich hier kurz darauf eingehen, warum eine professionelle *Ving Tsun*-Ausbildung anders ist als ein im Verein „mitzuspielen"!

Professionalität bedeutet nicht, dass nur „Geld verdienen" das Wichtigste im *Ving Tsun* ist.

Auch ein ausgearbeitetes Ausbildungsprogramm, repräsentative Trainingsräume, gute Übungsleiter, gutes Equipment usw. gehören ebenso dazu.

Aber....

Ohne Geld geht in unserer heutigen Gesellschaft überhaupt nichts mehr. Wer das glaubt ist ein Fantast.

Wenn ich kein Geld habe, kann ich die Trainingsräume nicht bezahlen, keine Ausrüstung kaufen, keine Werbung machen und nichts in die Wege leiten um die Schule am Leben zu erhalten. Außerdem, Essen möchte man ja auch noch und nicht zu vergessen...Steuern!

Durch unser in Deutschland geprägtes Vereinsdenken haben die meisten selbstständigen und guten Kampfkunstlehrer ein eher gestörtes Selbstwertgefühl.

Das ist absolut falsches Denken. Sie verkaufen sich weit unter dem was Kampfkunst wirklich wert ist.

Mit einem Beitrag von 20.- € im Jahr ist es in einer professionellen *Ving Tsun*-Schule nicht getan. Man bekommt auch keine Zuschüsse vom Staat.

Hier ein Beispiel dazu.

Meine Ausbildung dauerte über Jahre hinweg. Ich nahm Unterricht, Privatunterricht, besuchte Seminare auf der ganzen Welt und bei den besten *Ving Tsun*-Lehrern. Jede Prüfung kostete viel Schweiß, Blut und Zeit. Viele anstrengende Flüge und stundenlange Autofahrten waren dazu zu absolvieren.

All dies kostete mich ein mittleres Vermögen.

Kein Lehrer würde sich nach diesen Strapazen, Anstrengungen und Kosten mit einem Hilfsarbeiterlohn in einer Zeitarbeitsfirma zufrieden geben.

Wer macht sich schon Gedanken, wenn ein Arzt oder Rechtsanwalt sein Honorar verlangt.

Das ist berechtigt, denn auch sie haben viel Schweiß, Zeit und Geld in ihre Ausbildung gesteckt.

Ich habe das auch. Warum darf ich dann nicht auch einen angemessenen Mitgliedsbeitrag für ein hochwertiges *Ving Tsun*-Training verlangen?

Für einen Mercedes muss man auch mehr bezahlen als für einen 500 er Fiat.

In allen Bereichen sind Profis besser ausgebildet als Amateure. So auch bei uns.

Ein Verein ist keine professionelle Ausbildungsstätte.

Ich möchte hier keinen Verein herabsetzen, denn man bekommt dort definitiv hervorragendes Grundwissen vermittelt, das hat aber nichts mit Professionalität zu tun, da meistens Ehrenamtlich unterrichtet wird und nicht individuell auf einen einzelnen eingegangen werden kann wie in einer speziellen Ausbildungsstätte in unserem Fall einer professionellen *Ving Tsun*-Schule.

Ulrich Stauner mit seinem Lehrer Sifu Gary Lam

Lehrer- und Schülerverhältnis

Die meisten der potentiellen Interessenten gehen in der Regel ohne große Ahnung oder Vorwissen vom System auf Lehrer- oder Schulsuche.

Dies führt in vielen Fällen dazu, dass einige nach kurzer Zeit mit dem gewählten Lehrer und dessen Ideen oder dem System selbst nicht arbeiten können und unzufrieden werden.

Ich möchte an dieser Stelle hier ganz kurz darauf eingehen, worauf ein interessierter und potentieller Schüler achten sollte und was auch er an Leistung (nicht finanzieller Art) zu erbringen hat, bzw. was der Lehrer auch von ihm erwarten können sollte, wenn er zu uns kommt um unterrichtet zu werden.

Achte darauf, dass der Lehrer auf Dich eingeht und Dich nach Deinen Bedürfnissen trainiert.

Ein guter Lehrer beantwortet Deine Fragen und wirft nicht mit jeder Antwort wieder Neue auf.

Der Lehrer unterrichtet das für Dich passende, selbst kämpft er wahrscheinlich ganz anders.

Ving Tsun basiert auf Prinzipien und bedarf deshalb der individuellen Betreuung.

Jeder *Ving Tsun*-Meister hat andere Schwerpunkte, sollte aber in der Lage sein, seine Ideen schlüssig darzulegen.

Schlägt Dich dein Lehrer ständig grundlos oder putzt Dich laufend vor allen anderen runter, stimmt etwas nicht.

Gerade am Anfang des Trainings wirkt *Ving Tsun* Kung Fu oft trocken und wenig praktisch.

Auch ein Meister braucht Kredit, um dir über längere Zeit etwas verständlich zu machen.

Keiner kann zaubern, weder Meister noch Schüler.

Ohne Geduld wirst Du nichts erreichen, denn um etwas zu erreichen bist Du ja hier.

Der Meister opfert seine Zeit um Dir etwas beizubringen. Er ist kein Trainer oder Animateur. Also höre ihm zu und frage nach, wenn Du etwas nicht verstanden hast.

Sage nicht zu allem „ja und amen" und nicke, der Lehrer muss wissen, ob Du verstanden hast, was er versucht Dir beizubringen, um weitermachen zu können.

Viele glauben auch immer noch, dass sie nur zu bezahlen brauchen und haben dann den Meister und seine Technik gekauft. Mit dieser Einstellung liegen sie vollkommen falsch.

Wenn jemand zu spät kommt und der Lehrer sagt daraufhin etwas und die Antwort ist nur Gemotze wie: „Wenn ich sowieso schon keine Lust habe zu trainieren, warum sollte ich mich dann auch noch abhetzen um pünktlich da zu sein, denn wo sind wir hier eigentlich?"

Würde ich sagen, wir sind in einer Kung Fu-Schule und er hat nichts begriffen vom Anstand seinem Sifu gegenüber und den Grundwerten einer solchen Stätte.

Er wird die Schule verlassen müssen. Mag sein, dass er es zu Lehrerehren schafft, doch zu einem Meister wird er mit dieser Einstellung nie werden.

Zuletzt sei angemerkt, dass man sich bemühen sollte, *Ving Tsun* oder Escrima-Waffenkampf (das wir ebenfalls ab 18 Jahren unterrichten) für sich selbst zum Funktionieren zu bringen, denn nur auf eine Eingebung zu warten wird nicht helfen.

Jeder lernt ausschließlich für sich selbst. Wer keinen eigenen Einsatz bringt, bleibt auf der Strecke.

Der *Ving Tsun*-Schüler sollte in der Regel ein Mensch sein, der bereit ist mehr zu leisten als der normale Durchschnitt.

Uli mit Sifu Gary Lam in Heidelberg, 2006

Ving Tsun in Deutschland

Wing Tsun-Kung Fu wurde in den 70er Jahren in Deutschland durch K.R.Kernspecht bekannt gemacht und eingeführt. In den frühen 80ern folgte das *Wong Shun Leung-Ving Tsun*, das durch Meister Philip Bayer nach Europa gebracht wurde.

Derzeit gibt es eine Menge verschiedener Verbände mit der unterschiedlichsten und zum Teil hanebüchensten Schreibweise, die im wahrsten Sinne des Wortes nichts mehr mit der ursprünglichen Bedeutung zu tun hat.

Deshalb tauchen auch immer wieder die gleichen Fragen inner -u. außerhalb der Verbände auf. Nämlich, wer unterrichtet nun authentisches *Ving Tsun* und welcher Stil ist nun der Beste?

Unserer Auffassung ist authentisches *Ving Tsun* jenes, welches sich an die Prinzipien hält.

Egal, welche Schreibweise der ein oder andere nun verwendet.

Ebenso verhält es sich mit der Frage, welches der beste Stil nun sei?

Es ist erstaunlich, dass sich diese Frage nur im *Ving Tsun*-Stil stellt.

Es gibt kein bestes *Ving Tsun*. Es gibt einfach nur *Ving Tsun*.

Ving Tsun wurde nicht erfunden, um sich untereinander zu messen bzw. sich zu bekämpfen, sondern um sich gegen die damals existierenden Stile im alten China zu verteidigen und bestehen zu können. *Ving Tsun* ist nun mal kein Sport sondern Selbstverteidigung.

Jeder *Ving Tsun*-Stil hat seine Vor- u. Nachteile je nach dem, was der Praktizierende für sich am wichtigsten hält. Der eine legt besonderen Wert auf *Chi Sao*, während ein anderer wiederum mehr dem kämpferischen Aspekt den Vorzug gibt.

Ein weiterer sieht sein bestes *Ving Tsun* darin die sechs Formen perfekt zu können.

Die Definition, welches nun das beste *Ving Tsun* ist, hängt einfach zu stark von den Vorlieben des Praktizierenden ab.

Außerdem, wenn zwei *Ving Tsun*-Praktizierende mit gleichen technischen Voraussetzungen aufeinander treffen, entscheidet entweder sein Gewicht, seine Größe, seine Aggressivität usw.

Die verschiedensten Schreibweisen verunsichern nur den Interessenten in seiner Wahl. Es gibt für Europa bzw. weltweit keine Schreibweise, die als einzig Richtige gilt, denn es ist völlig gleichgültig wie wir Europäer oder die westliche Welt dieses *Ving Tsun*-Kampfsystem nun nennen.

Wahrscheinlich würde sich kein Chinese die große Mühe machen, es in unserer Sprache schreiben zu wollen. Für ihn wird es immer das chinesische Schriftzeichen für *Ving Tsun* sein.

Jede Art der westlichen Schreibweise ist nur eine Alternative, die für einen chinesischen *Ving Tsun*-Mann nicht die geringste Bedeutung haben wird oder etwas über die Effektivität, die Qualität, oder Besonderheit seines Stiles aussagt.

Wir Deutsche haben *Ving Tsun* im Endeffekt zu dem unrühmlichen „Etwas" gemacht was es heute ist.

Es wird Zeit, wieder etwas besonderes aus *Ving Tsun Kuen* zu machen.

Vielleicht trägt dieses Buch etwas dazu bei.

Wir wünschen uns trotz allem, dass immer mehr Menschen *Ving Tsun* lernen und als das sehen, was es für mich und auch viele andere Enthusiasten ist, nämlich:

Das wahrscheinlich am besten durchdachteste

chinesische Selbstverteidigungs-Kampfsystem.

Jede Wahrheit im Ving Tsun - Kung Fu durchläuft drei Phasen.
1.Phase: Sie wird abgestritten und als falsch dargestellt.
2.Phase: Sie wird lächerlich gemacht und als schlecht hingestellt.
3.Phase: Sie wird als selbstverständlich und schon immer da gewesen hingenommen.

Über den eigenen *Ving Tsun*-Tellerrand schauen

Ich bin kein „weltbester" in *Chi Sao*, „König" des Langstockes, „Master of Allmightiness" oder gar „Kaiser" des Kung Fu" . Ich denk auch, dass ich solche Titel nicht wirklich nötig habe um meinen Schülern bestes *Ving Tsun*-Wissen zu vermitteln. Werden diese Titel doch sowieso meist von Leuten vergeben, die selbst wenig Ahnung vom *Ving Tsun* haben. Am Ende zählt doch nur, was ich meinen Schülern beibringen konnte und nicht, wer den besten Titel für mich erfand. Ebenso wenig interessiert es mich, was irgendwelche „Besserwisser und Alleskönner" in ihren Foren an Mist verzapfen, der sowieso zu 99 % nicht der Wahrheit entspricht.

Schreibt doch einer, er kennt mich besser als mir lieb ist, der Witzbold.

Keiner kennt mich so gut, dass ich Angst vor ihm haben müsste. Es gibt nix zu verbergen.

Leider sind diese noch nicht mal soviel, ihren Namen zu schreiben sondern agieren in der scheinbar sicheren Anonymität. (Wahrscheinlich Feigheit vor der eigenen Courage).

Solche Leute sind in der Regel den Atem nicht wert, den man benötigt um deren Namen auszusprechen. Zudem, fragt man nach, wo sie den gelernt hätten und wer ihre Lehrer sind, kennt diese Leute kein Mensch.

Wahrscheinlich haben diese Leute ihr *Ving Tsun*, welcher Schreibweise auch immer, von Videos oder haben ein paar Monate irgendwo trainiert und fühlen sich nun zum Kritiker der Welt berufen. Kritiker, die kein Mensch auf der Welt braucht. Diese Foren sind der

Furz der Welt, überflüssig wie ein Kropf, denn es wird keine ehrliche Kritik geübt, sondern es werden hauptsächlich irgendwelche Gerüchte in Umlauf gebracht, wie z.B. „ich habe gehört...." usw.

Bietet man diesen Leuten dann an, an einem Seminar teilzunehmen, um etwas anderes kennen zu lernen, wird mit fadenscheinigen Begründungen abgesagt. *(*zu teuer, keine Zeit, zu weit weg, usw.)

Ich wollte und will auch in Zukunft keine „*Ving Tsun*-Politik" betreiben sondern so viel wie möglich über dieses geniale *Ving Tsun* erfahren und lernen. Für mich in erster Linie, (deshalb begann ich ja damit) und zweitens für meine Schüler.

Das „Unverständnis" mancher Lehrer/Meister, vor allem aber deren Schüler darüber, dass es nun mal verschiedene *Ving Tsun*-Stile gibt, ist bedauerlich und gelegentlich auch ärgerlich aber anscheinend nicht zu vermeiden.

Sifu Stauner verweist seine Schüler immer wieder darauf, sich auch mal was „anderes" anzuschauen und nicht mit Scheuklappen durchs Leben zu rennen.

Viele haben sich Videos oder DVDs angesehen um sich über andere VT-WT-WC-Stile zu informieren. Aber nur die wenigsten haben auch die verschiedenen Stile persönlich ausprobiert und zum Teil erlernt.

Sifu Stauner ist einer dieser wenigen, der mehrere VT-WT-WC-Stile selbst über Jahre hinweg praktiziert hat, in Seminaren, Privatunterricht und regulärem Unterricht.

(Master Kernspecht -WT, Sifu Leuschner- Sunny tang VT, Master *Gary Lam* WSL-WC usw.*)*

Gemessen an der großen Zahl von *Ving Tsun*-Praktizierenden gibt es verhältnismäßig wenig

Ving Tsun-Meister/Lehrer weltweit, die *Ving Tsun* zu ihrem Lebensmittelpunkt erwählt haben. Ein Lehrer wie Sifu Stauner lebt *Ving Tsun*, nicht nur in der Schule sondern auch im Leben.

Allein sein wöchentlicher persönlicher Trainingsaufwand von sechs Tagen pro Woche lässt schon seinen *Ving Tsun* Erfahrungsschatz erahnen.

Sifu Stauner betreibt *Ving Tsun* länger als die meisten seiner Schüler überhaupt alt sind, nämlich seit 1979 mit unterschiedlicher Intensität. Diese Zeit nutzte Sifu Stauner um sich sein breitgefächertes und unerschöpfliches *Ving Tsun* Wissen anzueignen.

Viele Erfahrungen stammen aus Seminaren an denen er selbst teilnahm und mittlerweile auch selbst immer öfter wegen der großen Nachfrage gibt.

Seine *Ving Tsun* und Kampfkunst-Reisen führten ihn über zigtausende von Kilometern nicht nur in Europa sondern auch in die USA, Kanada und Asien.

Sifu Stauner kann von sich mit Recht behaupten, über den eigenen *Ving Tsun*-Tellerrand geschaut zu haben. Nur durch ständiges Suchen nach „Neuem und Anderem“ konnte er erkennen, dass jedes *Ving Tsun*, egal welcher Schreibweise sein Wissen und Können vergrößert haben. 95% der damaligen Mitschüler Sifu Stauner's haben ihr *Ving Tsun*-Training mittlerweile leider einschlafen lassen, was sehr bedauerlich ist.

Ist doch *Ving Tsun* ein Stil, der ohne Einschränkung bis ins höchste Alter praktiziert werden kann und es soviel an Erfahrungen zu sammeln gibt.

Es ist einfach ein phänomenaler Kung Fu-Stil.

Egal in welchem *Ving Tsun*-System oder Stil. Nichts, des vorhergelernten *Ving Tsun*-Stils ist umsonst oder muss vergessen werden. Es ist halt jeder Stil anders. Nicht besser oder schlechter. „einfach anders“

Ving Tsun wurde nicht erfunden um gegeneinander (denn wozu auch?)zu kämpfen.

Die „Technik“ an und für sich ist für Sifu Stauner nicht mehr so relevant, da die Prinzipien und Konzepte des *Ving Tsun* nun funktionieren.

Sifu Stauner's Erfahrungen verdankt er seinen Lehrern: Michael Till, K.R. Kernspecht, Uwe Müller, Victor Khan, H.J.Reimers, Werner Leuschner, *Gary Lam*, *Ng Chun Hong* (unrelevante Reihenfolge) und deren verschiedenen *Ving Tsun*-Stilen , seinen Sihings und Schülern sowie eigenen Erfahrungen in Seminaren und dem täglichen Unterricht.

Viele behaupten, sie verbreiten ein „komplettes System“! Mag ja sein, es streitet niemand ab, nämlich ihr eigenes.

Irgendwann hat jeder sein „Eigenes“ *Ving Tsun*, nämlich das für „ihn“ Beste.

Auch Sifu Stauner hat nun „sein“ komplettes *Ving Tsun*-System, was ihn aber nicht davon abhält weiter zu machen um Erfahrungen zu sammeln.

Portrait Sifu Ulrich Stauner

Sifu Stauner kennt alle Facetten des Kampfes, ob unbewaffnet oder mit Stöcken, Messern Macheten oder Alltagsgegenständen.

Er wurde von den bekanntesten *Ving Tsun*-Meistern unterwiesen, unter anderem von Grandmaster *Gary Lam Man Hog (Gary Lam)*, dessen Realitätssinn im Kampf niemand in Frage stellen würde. Ebenso studierte Ulrich Stauner das auf Realität ausgerichtete Latosa-Escrima, eine Waffenkampf-Methode die nichts von schönen und uneffektiven Bewegungen hält sondern allein darauf ausgerichtet ist, den Aggressor unmittelbar an weiteren Attacken zu hindern und dies egal ob mit Waffen oder ohne.

Sifu Stauner ist, soweit bekannt, heute der einzige noch unterrichtende *Ving Tsun*-Lehrer in seinem weitesten Umkreis aus der ersten *Ving Tsun*-Generation in Deutschland. Sifu Stauner gehört somit zweifellos zu den Dinosauriern des *Ving Tsun* in Deutschland, wobei er keiner ist, der sich selbst besonders wichtig nimmt oder sich in den Vordergrund spielen muß.

Angefangen hat alles mit ca. 11 Jahren. Zu Weinachten bekam ich von meinem Vater ein erstes Judobuch. Zur damaligen Zeit (1970) war es schon cool, wenn man so was konnte.

Doch aus einem Buch kann man halt nur sehr bedingt was lernen, auch wenn alles haarklein beschrieben war. Da waren Würfe , Feger und Festhalte-Techniken ziemlich genau beschrieben. Ein „Kämpfen“ also, das auf eine Auseinandersetzung am Boden ausgerichtet war und nur bedingt zur Selbstverteidigung und deshalb nicht unbedingt mein Ding war.

So ging ich halt zu einem Ringerverein um wenigsten etwas ähnliches machen zu können.

Nach etwa einein halb Jahren versuchte ich es drei Monate mit Boxen, was aber überhaupt nicht meine Sache war. Schläge mit dem Kopf zu blocken bzw. ein reiner Schlagabtausch war ja auch nicht das, was man unbedingt auf der Straße verwenden konnte, außer man wollte Wettkämpfe machen, hatte Boxhandschuhe an und unheimlich gute Nehmerqualitäten.

So entstand eine Pause von etwa fünf Jahren, bevor meine Kampfsport-Reise weiterging mit Karate und Jiu Jitsu bei Lothar Sieber in München in der Lothringerstrasse.

Meine Begeisterung war schon ziemlich groß. Kam dies schon eher einer etwas brauchbareren Selbstverteidigung näher. Dachte ich zum damaligen Zeitpunkt zumindest.

Dort verblieb ich zwei Jahre. Leider musste ich im Laufe dieser zwei Jahre dann feststellen, dass diese Methode als Selbstverteidigung für meine Körpergröße von 170 cm bei ca. 60 kg nicht geeignet war.

Dazu benötigte man doch ziemlich viel Körperkraft um sich gegen einen größeren und stärkeren Gegner behaupten zu können, der sich ja auch bewegte und um sich schlug.

Somit versuchte ich mich ein Jahr im *Taekwon Do* bei Anton Hanfstengl in Holzkirchen.

Noch während dieser Zeit erfuhr ich durch eine Kampfsportzeitung von einer angeblich unglaublichen Kampfkunst, der auch Bruce Lee entsprungen sein sollte.

WING CHUN - KUNG FU

Ich nahm Kontakt mit dem damaligen Lehrer für München auf. Michael Till, der bei WT - Meister Kernspecht lernte. Das war im Jahre 1979.

Das Probetraining war kurz und schmerzhaft. Mit nur einer Hand zeigte mir Michael Till damals, dass ich mit meinen Hebeln, -Schlägen - und Kicks gegen diese Technik nichts ausrichten konnte.

Diese Demonstration von überragender Technik veranlasste mich das Wing Tsun zu erlernen.

Es folgten viele Privatstunden auch bei Meister Kernspecht in Heidelberg (damals noch Heidelberg, Lenaustr.) und viele , viele Seminare in ganz Deutschland und der Schweiz.

Ich wollte ja genauso mit einer Hand kämpfen können. Wobei man erwähnen sollte, dass damals noch das meiste dieser Kampfkunst geheim gehalten wurde und nicht jeder in den Genuss „höherer" Techniken kam. Nur wer viel bezahlte, bekam auch mehr.

Drei Jahre nach meiner Anmeldung trennte sich Michael Till von Sifu Kernspecht und wechselte zu Master *Wong Shun Leung*, der Freund und Lehrer von Bruce Lee war und seiner Auslegung des *VING TSUN*, was aber zum damaligen Zeitpunkt in Deutschland niemand wusste.

Dies war mein erster Kontakt zu dem System zu dem ich am Ende meiner Kampfkunstreise zurückkehren sollte.

Um die Ausbildung im Escrima -Waffenkampf nicht zu vergessen ist hinzuzufügen, dass diese genauso 1979 unter Meister Latosa begann. Ein überragendes Selbstverteidigungs-System bzw. eine Methode, die auch heute außer wenigen Eingeweihten niemand kennt und das sich nicht hinter *Ving Tsun* verstecken muss. Der Unterschied liegt lediglich in der Verwendung von Waffen und Alltagsgegenständen.

Zur damaligen Zeit konnte oder wollte ich aber das System von Master Wong nicht begreifen. Ich verlies M. Till und ging sechs Jahre nach Thailand. Dort versuchte ich mich etwas im Thaiboxen. Unter etwas verstehe ich heute zweimal sechs Wochen Intensivteilnahme in einem Trainingscamp etwa 3 km außerhalb von Pattaya City.

Ich brauche nicht zu erwähnen, dass dieses Training für einen Europäer in dem feuchtheißen Klima extrem anstrengend ist, was auch der Grund war nicht intensiver dort weiterzutrainieren. Wichtig war aber, trotz alledem einmal zu sehen, dass es auch andere gute Kampfsport/-kunstarten gibt und man nicht glauben sollte nur eins ist das beste.

Nach meiner Rückkehr nach Deutschland schrieb ich mich wieder in der EWTO unter H.J.Reimers WT-Schule in München ein.

Dort verblieb ich bis 1999. In der Zwischenzeit versuchte ich auch das *Ving Tsun* von Victor Khan, was mich nicht genug überzeugen konnte.

Der Durchbruch kam in Form eines langjährigen Freundes.

Er war zwischenzeitlich nach Kanada ausgewandert und hatte die Bekanntschaft des *Ving Tsun*-Meisters Sunny tang (Dunn Wah) gemacht, dessen Meisterschüler er wurde.

Von ihm erlernte ich das Sunny Tang-*Ving Tsun* dank meiner guten Vorkenntnisse in nur sieben Monaten täglichen acht Stunden - Trainings was in etwa zwei Jahre Normaltraining gewesen wären.

Ich muss ehrlicherweise dazusagen, dass die Prinzipien des *Ving Tsun*, die ich eigentlich suchte auch hier nicht dabei waren. Es wurde viel Technik trainiert, doch Technik allein macht es eben nicht aus, denn ohne Prinzipien funktioniert die Technik eben auch nur bedingt.

Durch einen Bekannten wurde mein Freund auf *Ving Tsun*-Meister *Gary Lam* (*Lam Man Hog*) aufmerksam gemacht.

Dieser *Gary Lam* sollte ein unglaubliches *Ving Tsun* unterrichten und Meisterschüler von *Wong Shun Leung* sein, eben oben erwähnter Freund und Lehrer bzw. Mentor Bruce Lee's.

Nun Ja, ich hatte mittlerweile schon soviel gehört und gesehen. Ich konnte nicht glauben, dass es so was geben konnte, da dies ja jeder von sich hier in Deutschland behauptete.

Aber wie das Leben so spielt. Von meinem Freund gedrängt, entschloss ich mich nach Amerika (LA) ins heutige Mekka der Kampfkünste zu fliegen um von *Gary Lam* im Privatunterricht zu lernen.

Eigentlich wollte ich es mir erst mal nur anschauen. Doch was ich hier zu sehen und zu spüren (*CHI SAO*) bekam, war wirklich so unglaublich, dass ich mich entschloss noch mal zu lernen. Mittlerweile liegen dazwischen auch schon wieder Jahre und der Privatunterricht bei Master Gary und die vielen Seminare mit ihm im In und- Ausland teilweise auch als Assistent, haben wirklich enorme Früchte getragen. Ich möchte mich hier auch bei ihm als meinen Lehrer dafür bedanken und hoffe weiter auf gute Zusammenarbeit um noch vielen Schülern dieses unglaubliche *Ving Tsun* vermitteln zu können.

Heute kann ich mich mit einer Hand verteidigen wenn es sein muss.

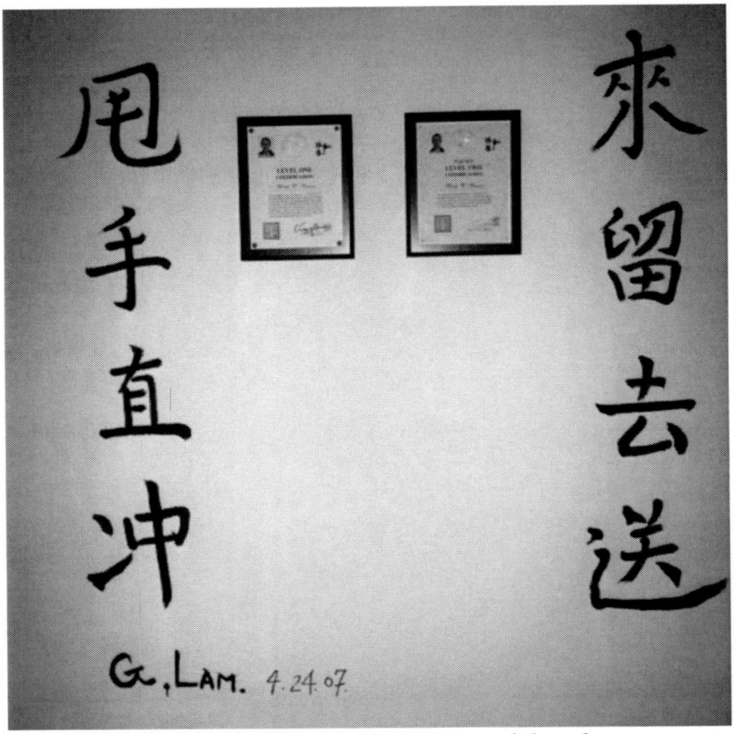

Kaligraphie v. Master G. Lam und *level one* u. *level two* Zertifikate im HQ Dachau

Aus der Sicht des Außenstehenden

Ich möchte auf dieser Seite einmal in Kürze aufzeigen und darstellen, was Laien bzw. viele Kampfsportler anderer Stile so über unser *Ving Tsun* denken und was früher auch die Meinung vieler *Ving Tsun* (WT, WC)- Praktizierender war. Auch mich kann ich da nicht ausschließen, da wir es nicht anders kannten. Viele kommen auch heute noch zu uns aus anderen Stilen sowie Neuanfänger und denken immer noch das gleiche. Nämlich:

d) *Ving Tsun* ist ein reines Nahkampfsystem!
e) Die meisten Befragten sind der Meinung, der *Ving Tsun*-Kämpfer würde stets den Kontakt suchen und sofort auf allernächste Distanz zum Gegner gehen.

Das ist so nicht ganz richtig.

Die ökonomischste und wünschenswerteste Abwehr eines Angriffs ist es, den Fauststoß bzw. den Angriff durch einen eigenen Fauststoß bzw. eines eigenen Konters so zu beantworten, dass der gleichzeitig als Abwehr und als Angriff dient und idealerweise ins Ziel gelangt, bevor der Gegner seinen Fauststoß bzw. seinen Angriff zu Ende geführt hat.

Hierbei kommt es im besten Fall zu einem extrem kurzen Kontakt und die Distanz zum Gegner muss eben gerade so gering sein, dass man den Angreifer erreicht.

Falls dies nicht gelingt, versucht der *Ving Tsun*-Kämpfer den Gegner aus der Ideallinie zu bringen und ihn zu *pushen* damit er aus dem Gleichgewicht gebracht wird.

Einmal aus dem Gleichgewicht gebracht, hat der Gegner ein riesiges Problem oder möglicherweise gar keine Möglichkeit mehr zur Attacke.

Falls dies nicht gelingen sollte, versucht der *Ving Tsun*-Kämpfer den Gegner mit Hebeln, Würfen und *closing*-Techniken unter Kontrolle zu bringen. Erst in dieser Situation ist man in der kürzesten Distanz, dem eigentlichen Nahkampf.

Fazit:

Der *Ving Tsun*-Praktizierende nimmt die Distanz die sein Gegner ihm bietet, bzw. die sich der *Ving Tsun*-Mann durch *Chi Sao*, Strategie, Taktik, Schrittarbeit usw. erarbeitet hat.

Denn wenn der Gegner wegrennt, kann ich wohl schlecht den Nahkampf suchen.

Ving Tsun - Kung Fu verwendet praktisch keine Fußtritte!

Ving Tsun verwendet sehr wohl Tritte, die sogar sehr ausgeklügelt sind.

Gibt es doch ein eigens in unserem *Ving Tsun* entwickeltes Kicking-Programm.

Zugegebener Maßen kicken wir eher sparsam oder besser ausgedrückt ökonomisch.

Der *Ving Tsun*-Kämpfer will einen Tritt nur dann ausführen, wenn keine Gefahr besteht den Gegner zu verfehlen oder man selbst gekontert wird.

Wenn ich ein Bein zum Kick heben muss, hab ich bereits 50% meiner sowieso schon geringen Standfläche aufgegeben. Zudem öffne ich durch das Anheben eines Beines den Weg zum Standbein.

Zwei weitere Ding machen eine Beintechnik unter ungünstigen Umständen doch ziemlich gefährlich für den Ausführenden.

Zunächst gerät man ziemlich schnell in Schwierigkeiten wenn der Tritt fehlgeht, da man in diesem Moment sehr statisch steht, also unbeweglich ist.

Zum anderen leidet auch das Gleichgewicht darunter.

Erwägt man, dass der Gegner nicht untätig ist, sondern gerade versucht das Gleichgewicht des *Ving Tsun*-Kämpfers zu stören, wird leicht nachvollziehbar, warum der *Ving Tsun*-Kämpfer nur dann einen Tritt ausführt, wenn er dadurch nicht selbst in Gefahr gerät.

Da der *Ving Tsun*-Kämpfer ein Spezialist mit den wesentlich schnelleren Armen und Händen ist, benötigt er meistens keine Beintechniken mehr, da der Kampf durch die Handtechniken oft schon entschieden sein sollte. Beintechniken lassen sich zudem trotzdem äußerst wirksam anbringen ohne die Beine heben zu müssen. (siehe Kniehebel usw.)

Ving Tsun - Kung Fu ist extrem aggressiv und brutal!

Vergleichen Sie *Ving Tsun* mit einer Waffe, die immer nur vom Anwender so eingesetzt wird, wie uns der Angreifer dazu zwingt.

Das Ziel des *Ving Tsun* ist es, den Gegner von weiteren Attacken auf uns abzuhalten.

Je stärker und aggressiver wir angegriffen werden, umso härter wird auch unsere Verteidigungstechnik den Aggressor treffen. Der Außenstehende sieht eigentlich nur das verheerende Ergebnis, dass der Angreifer ja eigentlich selbst verursacht hat.

Ähnlich bei einem Auto das langsam an die Wand rollt und nichts passiert.

Fährt das Auto aber schnell an die Wand, ist das Auto selbstverständlich zerstört.

„Ist jetzt die Wand schuld, dass das Auto zerstört ist???“

Es ist also nicht der *Ving Tsun*-Kämpfer, der brutal und aggressiv ist.

Sondern die Attacke des Angreifers verursacht dieses doch falsche Bild des *Ving Tsun*-Praktizierenden.

Realistisches Training und Philosophie

Weshalb ist es eigentlich so immens wichtig, real erprobte Techniken und Taktiken im Training zu üben?

Ein guter Grund dürfte die Sicherheit sein, die uns das Training dann in einer Ernstfall Situation gibt.

Doch, wie viele Male muss die Mehrheit der Übenden und Trainierenden ihre Kenntnisse in Selbstverteidigung im Leben anbringen bzw. anwenden? Mit ein wenig Glück wahrscheinlich niemals.

Wir kommen dann zur Frage, warum beschäftigen wir uns dann so lange Zeit (teilweise bis ans Lebensende) damit und bringen soviel Energie ein, wenn es doch einfacher wäre, lediglich mit den erlernten Techniken zu spielen?

Die Antwort ist eigentlich so logisch wie das *Ving Tsun*-System selbst.

Weil die Lektionen, die wir durch reales Training erfahren, uns helfen uns selbst zu finden, uns kennen zu lernen und uns lehren und helfen, jeden Tag effizienter zu handeln.

Es gibt eine Vielzahl von Menschen, die auf Grund der Ausübung einer Kampfkunst die Philosophie des Lebens erlernen und erleben.

Nur - was wird passieren, wenn jemand die Philosophie eines Systems erlernt, die in einer realen Situation nicht funktioniert?

Wenn diese Philosophie in einem Kampf schon keine brauchbaren bzw. guten Ergebnisse liefert, wird dieselbe Person, die sie weiterhin ausübt, auch im täglichen Leben keine Erfolge erzielen.

Das erste ist immer, eine positive Geisteshaltung beizubehalten, insbesondere, wenn wir durch schwere Zeiten oder Momente gehen. Das Leben endet nicht, nur weil etwas nicht so klappt wie wir es gerne hätten.

Wenn nämlich einem immer alles gut von der Hand geht, ist es doch einfach glücklich zu sein. Wir wissen aber alle, dass Leben ist nicht immer mit Rosenblättern gepflastert.

Noch vor wenigen Jahren bestand meine Art Kampfkunst zu praktizieren lediglich in der Ausführung der Techniken gegenüber einem Partner, der mir nie echten Widerstand entgegenbrachte. Den größten Teil des Trainings verbrachte ich damit, detailliert die Techniken und Kombinationen zu wiederholen. Die Kampfpraxis war sehr locker, so dass man im „Übungskampf" kaum Widerstand verspürte.

Als ich dann begann *Wong Shun Leung / Gary Lam Ving Tsun* zu unterrichten, wurde mir bewusst, dass die Dinge doch ganz anders lagen. Meine Schüler halfen mir sehr, die Dinge viel besser zu verstehen. Meine Erfahrungen im Training mit den Schülern ändern ständig das Training, da man mit jedem Schüler andere Erfahrungen macht.

Ein weiterer enorm wichtiger Punkt ist die Beständigkeit des Trainings. Durch ein hartes Training erlernt man, dass man nie aufgeben darf. Auch wenn es so aussieht, als wenn es keine Hoffnung gibt, muss man weitermachen, denn es wird immer eine Möglichkeit geben, gut aus einer scheinbar hoffungslosen Situation herauszukommen und weiterzumachen.

Wo es einen Eingang gibt, gibt es auch einen Ausgang. Man muss ihn nur finden.

Beißen sie sich durch!

Wenn man am Boden liegt, der Gegner schlägt auf einen ein, so kann man selbstverständlich aufgeben. Dies wäre der einfachste Weg. Doch wie wir alle erkennen, ist der einfache Weg in dieser Situation nicht unbedingt der erfolgreiche Weg. Nach beständigen und adäquatem Training weiß man, dass man in eine Position gelangen kann, in der die Faustschläge nicht so stark zu spüren sind (gute Deckung, Adrenalin usw.). Darum wird es auch möglich sein, auf die eine oder andere Art zu entkommen, um die eigene Offensive starten zu können oder zu flüchten, wenn es nötig sein sollte dadurch unsere Gesundheit zu bewahren.

Wenn man immer gleich das Handtuch wirft, wird man nie erlernen, sich in eine vorteilhafte Position zu bringen. Viele geben ihr *Ving Tsun*-Training einfach auf wegen welcher Hindernisse auch immer. Wenn alle dabei blieben, gäbe es möglicherweise bald genauso viele Lehrer wie Schüler. Aber es ist umgekehrt. Die wenigsten halten lange genug durch. Ebenso ist es im alltäglichen Leben.

Man sollte sich daran erinnern, dass man der einzige ist, der sagen kann: „ich gebe auf"!

Mit einem angemessenem Training wird man niemals aufgeben, egal wie widrig die Umstände sein sollten.

Viele Lektionen des Lebens können wir durch hartes und reales Training erlernen.

Und diese Auswirkung in unserer Lebensqualität und unserem Charakter ist es doch wert, dafür zu arbeiten.

Man fühlt sich zufrieden wenn man weiß, dass man sich einer schwierigen Situation stellen kann ohne gleich aufzugeben.

Das reale Training im *Ving Tsun* gibt uns die nötige Sicherheit ebenso, um einen realen Kampf zu gewinnen, als auch der Sieger in unserem täglichen Lebens zu sein.

Wer aufgibt hat nichts gewonnen.

Der reale Kampf

Realistisches, kampfmäßiges *Ving Tsun*-Selbstverteidigungs-Training!

oder

der Unterschied zwischen einem Ringkampf und einem brutalen Straßenkampf!

Der wirklich realistische Kampf, die absolute Notwehr-Selbstverteidigungs-Situation ist etwas vollkommen anderes, als das Üben einer Form, der Wettkampf oder eine Partner-Drill- Übung, die in der Schule oder dem Trainingsraum einstudiert wird.

Selbstverständlich haben trotzdem alle oben genannten Dinge in irgendeiner Form etwas mit kämpfen zu tun. Sie bereiten uns nämlich auf bestimmte Möglichkeiten des Ernstfalles vor:

Sind aber nicht der Ernstfall*!*!!!

Der Kampf im Ring ist einfach nur das was es ist, nämlich eine sportliche Betätigung.

Keiner nimmt Sachen oder Waffen mit in den Ring, die da nicht erlaubt sind.

Man trägt Handschuhe, es gibt Zeit -und Gewichtslimit und vor allen Dingen einen Schiedsrichter der den Kampf gegebenenfalls stoppen wird.

Die Realität auf der Straße ist vollkommen anders.

Hier hat man keinen Sparringspartner oder sportlichen Gegner gegenüber sondern einen Feind oder Aggressor oder in den meisten Fällen mehrere davon.

Feinde oder Aggressoren fordern niemand höflich auf sich mit ihnen zu messen und sie wollen nicht zeigen, was sie so können.

Ein Angreifer will uns in der Regel so schnell es geht besiegen und uns auch gegebenenfalls demütigen. Er will eigentlich nur das erreichen, was er sich vorgenommen hat und das eben so einfach es geht.

Um für die Straße zu trainieren, bedarf es fast des gleichen Trainings wie das eines Wettkämpfers. Man muss kontinuierlich und verbissen sein Ziel verfolgen, nämlich gut zu werden. Hobbykampfkünstler werden ihr Ziel nur selten erreichen, denn sie trainieren nicht hart und aggressiv genug.

Denn: Greift uns ein gewalttätiger Straßenschläger an, ist dies keine besonders schöne Erfahrung. Wer sich einem „bösen" Aggressor gegenübersieht, der vielleicht auch noch bewaffnet ist, wird ziemlich bald feststellen, wie schnell uns das in den Körper schiessende Adrenalin klares Denken und Handeln zunichte machen wird.

In einem kampfmäßigen Training wollen wir versuchen, einer Selbstverteidigungs-Situation so nahe wie möglich zu kommen, ohne ständig ernsthafte Verletzungen mit nach Hause zu nehmen. Es soll aber auch kein Wattebällchenwerfen sein.

Es sollte jedoch jedem klar sein, dass er sich nicht einem Schachverein oder Synchronschwimmern angeschlossen hat sondern sich an einem Ort befindet, der sich der realistischen Selbstverteidigung verschrieben hat. Das heißt, ein blauer Fleck, vielleicht auch mal eine Verstauchung oder möglicherweise eine

Nase oder eine Lippe die blutet, sind durchaus möglich aber nicht die Regel.

Jeder weiß, dass eine ernsthafte Auseinandersetzung kein Spiel ist, sondern man durchaus was abbekommen kann, da man nicht automatisch unbesiegbar wird, nur weil man *Ving Tsun* macht. Jemand der den ernsthaften Willen hat uns zu schlagen, kann dies trotz intensiven Trainings durchaus schaffen.

Eine kleine Hilfe vielleicht. Schaut euren Gegner an und ihr werdet erkennen, wie aggressiv er ist. Dessen Level ist von euch ebenfalls zu erreichen, wenn es um eure Gesundheit geht.

Wir trainieren für diesen Fall um so wenig wie möglich abzubekommen und mit heiler Haut noch nach Hause zu gehen.

Bei einem realitätsnahen Selbstverteidigungstraining gibt es kaum noch stilistische Vorschriften, schönes Aussehen und Tradition für den Verteidiger.

Hier zählt am Ende nur die Effektivität, das Ergebnis, denn den Angreifer interessiert auch nicht, was mit uns ist, ob wir im Krankenhaus landen oder sonstige ärztliche Hilfe benötigen.

Das soll aber nicht heißen, dass eine *Ving Tsun*-Schule eine Ausbildungsstätte für Schläger und Rabauken ist. Der Schüler soll zu dem Bewusstsein erzogen werden, dass *Ving Tsun* eine „nicht sichtbare Waffe“ ist, die weder gut noch böse ist. Der Schüler soll lernen, die Verantwortung für diese Waffe selbst zu übernehmen. Der Schüler weiß in fortgeschrittenem Stadium um seine enormen antrainierten Fähigkeiten und erwirbt somit ein Selbstbewusstsein, das es ihm erlaubt im Zweifelsfall auch mal zu „kneifen“ anstatt seinen vielleicht (falschen) Mut zu beweisen.

Man sollte einzuschätzen lernen, wann man auch mal nachgeben kann.

Beim kampfmäßigen SV-Taining verwendet man die meisten *Ving Tsun*-Techniken zur Verteidigung.

Der Angreifer hingegen benutzt alle möglichen Angriffe und Kombinationen. Er schlägt, tritt, wirft und hebelt, wie die verschiedensten Stile es tun, aber auch Straßen- und Wirtshausschläger.

Es hat keinen Sinn gegen den eigenen Stil zu kämpfen, da dieser wahrscheinlich der am wenigsten anzutreffende Angreifer sein wird. *Ving Tsun* wurde ja gegen die existierenden anderen Stile erdacht.

Der *Ving Tsun*-Kämpfer ist in jeder Phase des Kampfes (jeder Distanz) zu Hause, obwohl eigentlich der Nahkampf seine Domäne ist.

Das es hier wie bereits erwähnt nicht immer ohne blaue Flecken oder Schrammen abgeht, ist bedauerlich, aber eben nicht immer völlig auszuschließen.

Wir glauben, dass es besser ist, einmal oder zweimal im Jahr etwas härter zu trainieren und sich eine Prellung zuzuziehen als einen eingeschlagenen Schädel aus einer heftigen Auseinandersetzung auf der Straße davonzutragen.

In einem Zeitalter, in dem viele Eltern ihren Kindern kaum noch Werte wie Anstand, Höflichkeit, Ehrgefühl usw. vermitteln und diese dann randalierend und mit Zerstörungswut durch die Gegend laufen, ist es notwendig ein Mittel (in unserem Fall *Ving Tsun*) dagegen zu haben um sich selbst zu schützen zu können.

Nur möglichst realitätsnahes Training kann im Ernstfall wirklich helfen.

Ving Tsun **- Kung Fu ist wie eine Versicherung die wir abschließen in der Hoffnung, dass wir sie niemals benötigen.**

Im *Ving Tsun* - Kung Fu gibt es nur zwei Dinge, über die man sich Gedanken machen muss:

„Kämpfen oder nicht kämpfen.

Wenn wir kämpfen müssen, dann sollte es mit aller Konsequenz sein.

Wenn wir nicht kämpfen wollen, dann sollten wir rennen.“

Alles was wir in unserem *Ving Tsun* machen, *Tan Sao* / *Pak Sao* / *Gaan Sao* / Jum & Jut usw. , dient ausschließlich dazu, den eigenen Fauststoß / Handflächenstoß / Kick unverzüglich ins Ziel zu bringen, wenn es nicht schon reicht, dass der Fauststoß sowieso schon trifft ohne Abwehr, bzw. der Fauststoß schon Abwehr und Angriff in einem ist.

Dies ist einer der grundlegendsten Unterschiede, warum *Ving Tsun* so unglaublich stark ist.

Ving Tsun-Training ermöglicht uns, aus jeglicher Situation u. Position unseren Fauststoß / Handflächenstoß / Kick usw. in den meisten Fällen direkt und ohne Umwege ins Ziel zu bringen.

Im Training selbst üben wir im fortgeschrittenerem Stadium dieses, den Schlag / Kick ins Ziel zu bringen in entschärfter Form, um den Trainingspartner als Trainingspartner zu betrachten, indem wir versuchen den Trainingspartner durch push & pull in eine für ihn ungünstige Position zu bringen, was heißt, dass wir dann schon bereits in Schlagposition sind und demzufolge schon längst hätten schlagen können.

Dies wiederum soll dem Schüler zudem helfen, in einer Angriffs-Stresssituation so gelassen wie möglich zu reagieren. Nur wer gelassen reagiert, kann seine Vorteile nutzbringend anwenden, auch wenn der Angreifer ein Adrenalinmonster ist.

So wurde es Sifu Stauner direkt von seinem Lehrer *Gary Lam* beigebracht und diesem wiederum von Master *Wong Shun Leung*.

Der Unterschied von Kampfsport und Kampfkunst!

Wichtig zu kennen ist letztendlich eben der besagte Unterschied zu Kampfsport und Kampfkunst.

Kampfsport ist das, sich messen und das Befriedigen des eigenen Egos durch „sportliche" Wettkämpfe, in denen es darum geht, Geld, Pokale, Urkunden oder Prestige zu gewinnen, und zwar nach vorher festgelegten Regeln. Hier kann man durchaus auch mal verlieren, denn die Regeln erhalten uns unsere Gesundheit und unser Leben.

Bei der Kampfkunst geht es im Gegensatz dazu als erstes um den Kampf als solches und um die Auseinandersetzung mit sich selbst, das heißt auch um die Vervollkommnung des eigenen *Ving Tsun*-Stiles, der Selbstverteidigung und der Selbstdisziplin.

Und hier in der Kampfkunst will man unbedingt gewinnen, denn hier geht's um unsere Gesundheit oder ums Überleben.

Aber....

wie schaut es denn heutzutage in vielen *Ving Tsun* - Schulen aus?

Die wenigsten richten ihr Augenmerk auf das, wozu *Ving Tsun* erfunden wurde. Nämlich den eigentlichen Kampf bzw. die reale Auseinandersetzung zweier oder mehrerer Gegner.

Viele beschränken sich auf das, was ihnen am meisten gefällt und womit man prahlen kann.

Nämlich das *Chi Sao*-Training.

„Ach wie ist das schön", durch Arm-Manipulation den Trainingspartner kontrollieren zu können.

Keiner will mehr hartes Training an sich ran lassen.

Man hat bzw. kann ja *Chi Sao*!!!!!

Glauben Sie mir, so funktioniert das nicht in einer realen Auseinandersetzung.

Wie schon im selbigen Artikel erwähnt. *Chi Sao* ist kein Kampf. Damit üben wir nur einen Aspekt des *Ving Tsun*, aber nicht den Hauptaspekt.

Der Kampf selbst ist der Hauptaspekt im *Ving Tsun* Kung Fu. Darum ging es früher und darum geht es heute.

Man sollte sich hier vielmehr darauf konzentrieren, *Ving Tsun* wieder zum funktionieren zu bringen und nicht durch schönes Händetaktieren Effektivität vortäuschen.

Betrachten Sie *Chi Sao* und Formen als einen notwendigen und wichtigen Teil des *Ving Tsun*, aber nicht als den Hauptbestandteil.

Richten Sie Ihr Hauptaugenmerk auf den Kampf, und glauben Sie mir, die Effektivität wird sich automatisch bei Ihnen bzw. Ihren Schülern einstellen.

Üben von *Chi-Gerk* mit Sifu Gary Lam

Kampfkünste und Geheimbünde 1

Die wichtigsten Vermächtnisse des Shaolin-Tempels an die Menschheit waren der Ch`an–Buddhismus und das Shaolin-Kung Fu.

Die Mönche spielten jedoch auch in der chinesischen Politik eine entscheidende Rolle.

Die Geheimbünde der vergangenen Tage, u.a. „die Boxer“ , der „ weiße Lotus“ und die „*Pa Kua*“ waren tief mit dem Shaolin - Kloster und deren Kampfkünsten verbunden.

Diesen Kampfkünsten sehr nahe stehen auch die Geheimbünde der Neuzeit wie die „Triaden“!

Es wäre auf jeden Fall mehr als ein paar Seiten nötig um die Rolle dieser Geheim-Gesellschaften hier in diesem Buch aufzuklären und darzulegen.

Allerdings wäre dies ein echt schwieriges Unterfangen, da sie wirklich geheim waren und zum Teil auch heute noch sind und das über sie zur Verfügung stehende Material besteht hauptsächlich aus wenig mehr als polizeilichen und persönlichen Berichten, die zur Unterstützung oder Rechtfertigung der Unterdrückungsmaßnahmen verfasst wurden.

Ein besonders grausames Beispiel ist die Beseitigung eines „Verräters“ um andere durch Verbreiten von Angst zum Schweigen zu veranlassen.

Der Verräter wird in einem riesigen Fleischwolf zerkleinert, anschließend in Plastiktüten abgefüllt und danach dann im Meer den Fischen als Futter vorgeworfen. „Nichts mehr da von Ihm"

Oder mit Säure gefüllte Glühbirnen, um sie den ahnungslosen Opfern ins Gesicht zu werfen.

Diese Verfahrensweisen sind auch heute noch Gang und Gäbe.

Eine kleine Gruppierung von Geschichtsschreibern hat sich die Mühe gemacht, die ein oder andere Vereinigung aufzuzeigen und ihre Forschung darüber ist durchaus nützlich.

Es ist jedoch anzunehmen, dass sie den Umstand nicht ausführlich genug berücksichtigt haben, dass eine chinesische Kampfkunst-Schule oder Organisation nicht einfach eine politische Bewegung ist. Die Grundlage ihrer Existenz ist eine bestimmte körperliche und geistige Ausbildung, zu der eine „rebellische" Gesinnung kommt. Und dass die Mitglieder der berühmtesten Geheimbünde auch zu den allerbesten Kämpfern und Kriegern zählten, zeigt die Tatsache, wie lange es in der Regel dauerte, bis sie von ganzen Einheiten von Soldaten und Polizisteneinheiten geschlagen und besiegt werden konnten und an den grausamen Vergeltungsmaßnahmen von Polizei und Behörden.

Es sollte dennoch in einem Artikel über die Kampfkünste die Geschichte der Geheimgesellschaften als Kurzform dargestellt sein.

Die ersten Gründungen waren die des „Weißen Lotus" und der „ Weißen Lilie" . Interessant ist in der Betrachtung, dass eine schon zu einem früheren Zeitpunkt entstandene religiöse Gruppe die gleichen Bezeichnungen verwendete. Wobei aber nicht klar erkennbar ist, ob es zwischen dieser und den späteren Kampfkunst-Geheimbünden eine Verbindung gibt.

Diese beiden Geheimbündnisse entstanden in etwa im Jahre 1100. Schon zwei Jahrhunderte später, im Jahre 1300 waren diese bereits eine ernstzunehmende Kraft im Lande. Deren Glaubensauslegung war ziemlich komplex. Eine Mixtur aus Buddhismus, Taoismus und Manichäismus.

Der Geheimbund des „Weißen Lotus" unterstützte den Mann, der in der „ Revolution des roten Turban" (nach der Kopfbedeckung d. Rebellen) gegen die von dem Mongolenfürst Kublai Khan begründete Yuan Dynastie der erste „Ming–Kaiser" wurde. Die Mitglieder des Weißen Lotus unterstützten zunächst einen aus den eigenen Reihen. Als dieser getötet wurde, schlugen sie sich auf die Seite des buddhistischen Mönchs Chu–Yuan–Chang, wahrscheinlich deshalb, weil er ebenfalls Manichäer war. (*das Erlösungsziel eines Manichäers war nur in einem völlig asketischen Leben zu erreichen. Auf seine Blütezeit im 4.Jh. folgte im Westen ein rascher Verfall. Im Osten wurde der Manichäismus Staatsreligion des zentralasiatischen Reiches. Damit genoss er auch diplomatischen Schutz in China, wo er erst im 14.Jh. erlosch.*)

Dieser wurde im Jahre 1368 der erste Ming-Kaiser. Auch er gab im Jahre 1394 einen Erlass gegen eben diese Sektierer heraus, die ihn erst an die Macht gebracht hatte.

Er war auch nicht der erste und der letzte Kaiser, der ein wachsames und misstrauisches Auge auf die besonders starken Geheimorganisationen hatte.

Weitere Geheimbünde entstanden aus oder neben dem Weißen Lotus. Eine von ihnen war der aus

Kampfkunst-Sicht besonders interessanten „*Pa Kua*" . Ihre Grundlage war das

I-Ching, das Buch der Wandlungen, der chinesische Klassiker der Weissagung. Im Kapitel V wird das I-Ching und die seltenen, äußerst schwierige Kampfkunst „*Pa Kua* beschrieben, die auf diesem Buch aufbaute.

Es ist sicher, dass dieser Geheimbund auch für das Verhalten seiner Mitglieder das Buch I-Ching als Maß der Dinge anlegte und dass sie sich in den Kampfkünsten übte. Es besteht also mit großer Sicherheit eine enge Beziehung zwischen Geheimbünden und Kampfkünsten.

In der nördlichen Gegend des gelben Flusses, in der die *Pa Kua* angesiedelt war, gab es einen *Pa Kua*–Aufstand größeren Ausmaßes. Dieser dauerte zwei Jahre. Nach deren Ende gab es einen Erlass, mit dem diese Sekte verboten wurde, obwohl in ihrer Lehre nichts rebellisches war. Dieser *Pa Kua*-Bund beeinflusste maßgeblich die Bildung des I-He-Ch`uan, die „Fäuste der rechtmäßigen Harmonie", die im Westen als „die Boxer" (Boxeraufstand gegen die verhassten Weißen) bekannt wurden. Alle diese Sekten übten ähnliche Praktiken. Sie trafen sich heimlich Nachts, sangen Hymnen, übten sich in den Kampfkünsten und brachten sich möglicherweise mit besonderen Atemtechniken in Trance.

Die Boxer waren absolut davon überzeugt, dass sie unverwundbar gegen die westlichen Attacken waren, was auch immer der Angriff war (sogar gegen Schusswaffen).

Alle Sekten und Geheimbünde hatten eines gemeinsam. Den Hass gegen alle Fremdherrscher und während der Manchu-Herrschaft galt bei allen der Wahlspruch:

„Stürzt die Ch`ing , holt die Ming".

Als „die Boxer" ins Rampenlicht traten, waren allerdings andere Ausländer im Land die aus dem fernen Westen kamen. Der Boxeraufstand richtete sich deshalb weniger gegen die chinesische Autorität, als vielmehr gegen die Eindringlinge aus Großbritannien, Frankreichs, Amerikas, Japans, Russlands und Deutschlands, die das Land ausbeuteten und sich in China wie Blutegel festgesetzt hatten. Die Boxer überfielen und zerstörten alles, was mit dem Westen auch nur annähernd zu tun hatte, was vielen hundert zum größten Teil unschuldigen Menschen das Leben kostete. Die schon ältliche Kaiserin war sich unsicher, ob sie die Boxer nun bekämpfen oder als Helfer gegen die westlichen Eindringlinge einsetzen sollte um diese aus dem Land zu vertreiben. Die Rebellion endete nach der Entsetzung der von der offiziellen chinesischen Armee belagerten Gesandtschaften in Beijing durch Hilfstruppen und man hörte nie wieder von den aufständischen Boxern.

Eine andere im Westen sehr bekannte und gefürchtete Organisation ist die Triade. Diese war verbündet mit dem Weißen Lotus und seinen Ablegern, entwickelte sich aber selbstständig im südlichen China.

Der Name geht auf die Bezeichnung „Die Dreieinigkeit" zurück, wobei damit die Dreifaltigkeit von Himmel, Erde und Mensch gemeint war.

Die Triaden erwiesen sich immer als Opportunisten, die sich immer Rebellen anderer Organisationen anschlossen, ihre Fahne nach dem Wind hingen und keine Möglichkeit ausließen um die Ch`ing zu attackieren, selbst aber nie als Rebellenführer in Erscheinung traten.

Die Triade hat einen viel tieferen Hintergrund als ihre heutige verbrecherische Verbindung zur Unterwelt erahnen lässt. Die meisten der religiösen Vorstellungen der Triaden stammen aus dem chinesischen Volkglauben oder gehen auf die fünf „Vorväter“ *(Ng Mui*, *Gee Shin*, *Pak Mee*, *Fung Do Tak* und *Miao Hin*) zurück, die aus dem brennenden Shaolin-Tempel entkamen, um sich danach mit ihrem Wissen über die Kampfkünste im geheimen an den rebellischen Aktivitäten verstärkt zu beteiligen.

In der Vergangenheit war die Triade ausgesprochen feindlich gesinnt und es gelang ihr schließlich auch zumindest den ersten Teil ihrer Devise „vertreibt die Ch`ing“ in die Tat umzusetzen.

Triaden des 20. und 21. Jahrhunderts gibt es mittlerweile in allen großen Metropolen der Welt.

Bei mindestens zwei Gelegenheiten riefen sogar chinesischen Kaiser die Shaolinmönche und Kampfkünstler des Landes zu Hilfe, die ihnen die Macht erhielten.

Die Geschichte dieser Kampftraditionen ist geprägt von ständigem Hin und Her zwischen offizieller Erlaubnis und offiziellem Misstrauen zwischen der eines unruhigen Horts aufrührerischer Gefühle und subversiver Tätigkeiten als Geheimgesellschaften.

Zwei Jahrtausende lang konnten Meister und Lehrer der chinesischen Kampfkünste ungestört ihre Schulen und Ausbildungsstätten gründen, auch wenn sie von offiziellen Stellen unerwünscht waren.

Unter dem Schutz der Kampfkünste konnten sich viele Geheimbünde entwickeln (ein System, dass auch im heutigen Hongkong noch praktiziert wird) und so mancher Kung Fu-Meister muss den offiziellen Stellen bis vor wenigen Jahrzehnten noch ein Dorn im Auge gewesen sein.

Ein besonders gutes Buch gibt es über den Bastei/Lübbe-Verlag von Gerald L. Posner:

Die Chinesische Mafia

Die Triaden, das gefährlichste Drogen-Kartell der Welt -Ein Tatsachenbericht, der vielen die Augen öffnen wird über die Welt der chinesischen Geheimbünde.

ISBN 3-404-60308-7

Bei Grandmaster Gary i. Los Angeles

Geschichtliches der Kampfkünste 2

Kung Fu bzw. Wu Shu

Die chinesische Kampfkunst wird heutzutage in weiten Teilen Asiens, Nord- und Südamerika sowie Europas ausgeübt. Obwohl es eine Unzahl von verschiedenen Stilen gibt, glauben doch die meisten der Kung Fu-Meister , dass ihre Kunst aus dem Shaolin-Kloster entstammt und auf die Tradition des Shaolin-Tempelboxens zurückreicht.

Die Shaolin-Tradition selbst wird in zwei Schulen bzw. Gruppen unterteilt, nämlich die nördliche und die südliche.

Jeder Kampfkunst-Experte kennt den Satz: „Nördliches Bein - südliche Faust“ und dieser grundlegende Unterschied ist bei der Mehrzahl der chinesischen Boxschulen zu erkennen.

Dieser Unterschied beruht auf den geographischen Gegebenheiten Chinas.

Das Land im Norden besteht zum größten Teil aus weiten und hügeligem Terrain, und die Menschen hatten demzufolge kräftigere Beine was dazu führte, dass sie diese als Hauptwaffe entwickelten.

Die Landschaft Südchinas hingegen wird von einer Vielzahl von Wasserläufen durchschnitten. Hier bewegten sich die dort wohnhaften Menschen tagtäglich stakend und rudernd, was zu einer sehr kräftigen Armmuskulatur führte. Zudem konnte man wenn man im Schlamm stand nicht mit den Beinen kämpfen, was dazu führte, dass hier die Handtechniken dominierten.

Dies sollte als Grundunterschied zwischen nördlicher und südlicher Kampfkunst dienen.

Der erste und stärkste Eindruck bei den nördlichen Stilrichtungen, sind die graziösen und fast ballettartigen Bewegungen. Die Hauptelemente des Stils, den man heute in China Shaolin Ch'uan nennt, sind eindeutig nördlichen Ursprungs, und höchstwahrscheinlich ist das, was die Welt heute durch die Filmindustrie kennt mit dem nördlichen Stil identisch. Im nördlichen Stil sind die Stellungen meist sehr weit und offen. Die Tiere, deren Bewegungen diese Stilrichtung anerkanntermaßen beeinflusst haben, zeigen ähnlich ausladende Bewegungen wie z. B. der Kranich oder die Gottesanbeterin. Das bekannteste Merkmal der nördlichen Stilrichtungen sind ihr Repertoire an Beintechniken.

Die nördlichen Boxer wenden während der Aufwärmphase des Trainings sehr viel Zeit für eine Vielzahl von Dehnungsübungen auf. Dadurch erhalten sie sich die Fähigkeit, einen, zwei oder sogar drei Fußstöße mit einem Bein in Folge auszuführen.

Die meisten südlichen Stilrichtungen halten wenig von hohen Fußtritten, da es ihrer Meinung nach ein Leichtes ist seinen Gegner zu überwinden, der sein Gleichgewicht so leichtfertig aufs Spiel setzt und sein Standbein ungeschützt einem Kontertritt überlässt.

In den nördlichen Stilen nimmt das Üben von Formen einen großen Zeitraum im Training ein. Die meisten sind sehr langwierig, kompliziert und nehmen viel Platz in Anspruch. Auch Waffen werden in den nördlichen Stilrichtungen in großer Vielzahl verwendet. Die Waffenformen sind ebenso offen und graziös, was nicht bedeutet, dass sie für den Kampf ungeeignet wären.

Im allgemeinen ist der nördliche Boxer ein Distanzkämpfer.

Die meisten südlichen Stilrichtungen unterscheiden sich ganz deutlich von denjenigen des Nordens. Für den Kämpfer des Südens sind ein sicherer Stand und ein gutes Gleichgewicht Grundvoraussetzungen. Dies mag damit zusammenhängen, dass früher in Booten und auf dem glitschigen , schlammigen Boden des südchinesischen Marschlands gekämpft wurde, was auch den Einsatz der Hände und Arme hervorhob.

Gemeinsam ist den beiden Schulen , dass sie sich von der Natur inspirieren ließen, wobei man im Süden eher nach plötzlichen, überrumpelnden und fallenartigen Bewegungen Ausschau hielt.

Die Techniken der südlichen Stilrichtung zielen darauf ab, auf Angriffe blitzschnell zu reagieren und das Prinzip der Gleichzeitigkeit von Angriff und Verteidigung in die Praxis umzusetzen. Ein grundlegender Aspekt des Südens ist z.B., dass beide Arme fast immer gleichzeitig eingesetzt werden. D.h., während eine Hand abwehrt, schlägt die zweite zur gleichen Zeit.

Im südlichen Boxen kommt es darauf an, instinktiv auf einen Angriff zu reagieren und den Gegner mit einer Serie von Angriffen einzudecken, wobei man es tunlichst vermeidet, gefasst zu werden.

Gekämpft wird im südlichen Stil praktisch immer in der Nahdistanz. Ziel des südlichen Boxers ist sofortige Reaktion und unmittelbare Ausschaltung des Gegners ohne Schnörkel und unnützer Bewegungen. Um dies zu erreichen, lernen die Schüler Formen, Sequenzen schneller Handbewegungen, Ausweichschritte sowie Fußfeger und tiefe Tritte gegen das Knie oder Schienbein bzw. die Hüfte.

Allgemein kann man sagen, dass die Formen des Südens kompakter sind. In einer berühmten Abart des südlichen Boxens, dem *Ving Tsun*-Stil, besteht die gesamte erste Form nur aus Arm- und Handbewegungen, wobei der Ausübende völlig ruhig steht.

Zur Verbesserung von Geschwindigkeit, Timing und der Vorwegnahme der Aktionen des Gegners wird hier auch die paarweise ausgeführte Übungsform „*Chi Sao*" geübt.

Holzpuppen in allen Variationen sind bei den südlichen Boxern wichtige Trainingshilfen. Diese sind jedoch immer dem fortgeschrittenen Schüler vorbehalten.

Ein talentierter Mensch kann durchaus in fünf Jahren zum Könner in einer der vielen Stilrichtungen werden.

Um die Techniken eines Stiles jedoch zur Meisterehrung zu bringen bedarf es mindestens zehn bis fünfzehn Jahre. Die wenigsten Schüler halten jedoch so lange durch, um ihr Wissen und Können dann wiederum an Schüler weiterzugeben.

Frauen im Ving Tsun

Jeder, der schon mal eine *Ving Tsun*-Kampfkunstschule besucht hat, wird festgestellt haben, dass die Mehrheit der Anwesenden dort männlichen Geschlechts sind.

Warum ist das so? Warum hat die Emanzipation der Frau sich hier nicht so vollzogen, wie auf anderen Gebieten?

Wir können zwar kaum die Tatsache zur Seite schieben, was klar auf der Hand liegt, nämlich den biologischen Unterschied. Die Frau ist dem Mann in der Regel physisch unterlegen und verletzbarer, ob wir das wollen oder nicht.

Kraft, Gewicht, Statur und vor allem die Aggressivität. Die Fähigkeit zu explodieren, wenn es nötig wird. Diese Argumente gereichen dem Mann im Kampf gegen eine Frau zum Vorteil.

Doch um diese Unterschiede auszugleichen, bedarf es konzentriertem und kontinuierlichem Trainings, dass auf technische Schwerpunkte ausgelegt, oder auf die Handhabung einer Waffe ausgerichtet ist um die körperliche Unterlegenheit wieder wettmachen zu können, was durchaus im Bereich des Möglichen liegt, wenn die Frau es auch will.

Warum haben aber Frauen generell ein geringeres Interesse an Kampfkunst?

Es ist wissenschaftlich bewiesen, dass Frauen insgesamt weniger Interesse und Leidenschaft entwickeln, eine kämpferische Sportart auszuüben, als vergleichsweise die Männer, was schon in erzieherischen Aspekten erkennbar wird.

Bei Jungen wird eher wild gespielt, auch mal gerauft, während bei Mädchen eher häusliche und ruhige Spiele anerzogen sind.

Was heißt, eine Frau will in der Regel kein so hartes Training auf sich nehmen, weil sie es früher schon nicht getan hat. Es heißt dann immer: wofür brauch ich das schon? Ich hab ja einen Begleiter.

Doch sind es nicht in der Hauptsache Frauen, die als Zielscheibe von Angriffen herhalten müssen? Gerade für die modernere Frau von Heute müsste dieses Thema doch geradezu von besonderem Interesse sein. Doch meistens ist das Gegenteil der Fall.

Der Beweis, dass auch Frauen durchaus in der Lage sind sich effektiv zu verteidigen, zeigen die Damen und Mädchen der *Ving Tsun*-Schulen weltweit.

Was entscheidend ist, ist der Wille zu lernen und durchzuhalten, auch wenn am Anfang alles gegen einen spricht. Wichtig ist es, den inneren Schweinehund zu überwinden und sich überhaupt erst einmal anzumelden. Eine *Ving Tsun*-Schule ist keine Schlachtbank.

Niemand braucht Angst oder Hemmung zu haben, ein Probetraining durchzuziehen.

Obwohl, einfach ist es sicherlich nicht. Es wird einem sicher nichts geschenkt.

Man muss erkennen und lernen, dass man sein Training ausschließlich für sich absolvieren wird, was die Sache nicht leichter machen wird.

Es ist durchaus zu beobachten, dass einige Frauen den Anspruch erheben, mit der Hälfte oder weniger der Trainingszeit das gleiche Niveau erreichen zu können, wie ihre männlichen Trainingspartner. Glauben sie mir, so werden sie nicht weit kommen.

Frauen sollten mindestens genauso viel (eher mehr) trainieren wie ihre männlichen Partner.

Selbst ein kleiner Mann, mit nur 160 cm und etwa 60 kg, muss einen weit größeren Trainingsaufwand betreiben als ein Mann mit 180 cm Körpergröße und 80 kg Gewicht.

Was oft der kleine Mann ebenso wenig wie die Frauen akzeptieren oder verstehen wollen.

Hier muss mit besserer Technik der Mangel an Kraft und Gewicht ausgeglichen werden.

Das trifft in besonderem Maße auf Frauen in den Kampfkünsten zu.

Das Verletzungsrisiko ist zudem weit geringer als zum Beispiel beim Handball- oder Fußballspielen, denn man beginnt mit Übungen, die den Körper auf das Training vorbereiten.

Niemand wird in kaltes Wasser geworfen.

Doch wenn ich es nicht zumindest versucht habe, wie kann man wissen, ob es einem nicht doch gefällt. Und sollte es nicht den Aufwand wert sein, wenn ich mich dann auch dementsprechend zu verteidigen weiß?

Manche Frauen, die erst mal nur kurz reinschauen wollten, sind mittlerweile über Jahre mit Elan und Fleiß bei der Sache, was sie sich am Anfang nie hätten träumen lassen.

Auch Frauen ist es möglich Übungsleiter oder sogar Lehrer zu werden, mit Fleiß, Ausdauer und

Selbstbewusstsein um auch anderen Frauen als Vorbild zu dienen und sagen zu können:

Ich habe es geschafft!

Seminare im Ving Tsun

Sind Seminare wirklich so notwendig?

Seminare im *Ving Tsun* gibt es seit Anbeginn des *Ving Tsun* in Europa und Amerika.

Den Sinn eines Seminars möchte ich in diesem Artikel so gut es mir möglich ist zusammenzufassen. Vielleicht hab ich den einen oder anderen Aspekt vergessen, doch ich hoffe trotzdem die wichtigsten Argumente aufgeführt zu haben, damit der Schüler oder Interessent den Nutzen eines Lehrganges erkennen kann.

Seminare waren am Anfang dazu gedacht, möglichst viel Interessenten zu erreichen und um *Ving Tsun* etablieren zu können. Niemand oder besser gesagt wenige kannten den damals noch geheimen Kung Fu-Stil.

Jeder Verband versuchte mit diesen Seminaren Schüler zu gewinnen, was anders nicht möglich gewesen wäre, da man zu diesem Zeitpunkt noch nicht global genug war um sich und seinen Stil bekannt zu machen.

Heute benutzt man diese Seminare um dem Schüler an einem Wochenende ein möglichst umfangreiches Material an die Hand zu geben, was nicht heißen soll, dass die oben genannten Gründe nicht mehr aktuell wären.

z.B. Wenn Sifu Stauner nicht ständig beim regulären Unterricht verbessern kann, weil ein Übungsleiter oder Lehrer seine eigene Schule unterhält und deshalb nicht ständig zum Normalunterricht ins HQ kommen kann.

Das heißt, Sifu Stauner ist nicht ständig da, damit man ihn befragen kann oder damit man von ihm korrigiert werden kann.

Dann nutzt man eben diese Gelegenheit einen Lehrgang zu besuchen.

Um möglichst viele Leute anzusprechen, konzentriert man sich dann auf ein oder zwei Intensiv-Seminare im Jahr um andere Meister einzuladen, da diese Meister einfach nicht jeden Schüler einzeln und ständig besuchen können.

Hier wird dann versucht soviel Programm als möglich in ein Seminar zu packen, damit der Schüler weiß um was es in seinem Stil geht und wie er sich auch selbst verbessern kann.

Auch kann man Meister anderer Stilrichtungen und entfernter Länder für ein Seminar einladen um den Schülern andere Sichtweisen zu vermitteln. Jeder Meister hat seine eigenen Meinungen, Ansichten und Erfahrungen bzw. Anwendungen zum System.

Außerdem veranstaltet Sifu Stauner übers Jahr verteilt Themenseminare die auch von Schulfremden besucht werden können.

Viele Schüler nehmen diese Möglichkeit immer wieder gerne wahr um ihr Können und Wissen im *Ving Tsun* zu erweitern oder Anderes kennen zu lernen.

Das zeigt, dass auch der Schüler Interesse zeigt, immer wieder gerne zu Lehrgängen zu fahren da dies seinen Horizont doch enorm erweitert. Denn an einem Seminar muss man einfach auch selbst Eigeninitiative zeigen, was dem Lernprozess nur förderlich sein kann.

Innerhalb der eigenen Verbände und Schulen benutzt man Seminare um den Schüler, der möglicherweise bei einem anderen Übungsleiter lernt, zu prüfen bzw. ihn gezielt zu verbessern und zu fördern. So ein Wochenend-Seminar umfasst dann oft ein Programm, dass im Normalfall einen zwei-, drei- oder viermonatigen Trainingsumfang beinhaltet.

Besonders Anfänger bekommen eine Informationsfülle die sie vorher nie vermutet hätten.

Jedes Seminar schafft somit neue Erkenntnisse der Kampfkünste *Ving Tsun*, Escrima oder anderer Stile.

Der Anfänger bekommt in der Regel einen umfangreichen Einblick ins System.

Ob ein Seminar für einen wichtig ist oder nicht, muss immer jeder für sich selbst entscheiden.

Ein Seminar sichert meistens auch ein schnelleres Vorankommen im System, wenn man die nötige Auffassungsgabe und den Willen zu lernen mitbringt.

Ein Seminar ist immer intensiver und umfangreicher als der Normalunterricht.

Man lernt neue Leute kennen, neue Kulturkreise und gegebenenfalls neue Länder.

Über die Notwendigkeit eines Seminars entscheidet am Ende aber immer derjenige, der daran teilnehmen möchte aus welchem Grund auch immer.

Meist kann man sich eben nur auf Seminaren kundig machen über einen bestimmten Bereich, den man im Normalunterricht möglicherweise verpasst hat und man dann nicht zu lange auf die Wiederholung warten möchte.

Wenn man unter der Woche berufsbedingt oder privat keine Zeit hat regulären Unterricht regelmäßig zu besuchen, sind Seminare ebenfalls ein hervorragendes Mittel um sein Ziel zu erreichen, nämlich sein *Ving Tsun*-Wissen zu erweitern.

Deshalb werden Seminare in der Regel genutzt.

Zusammengefasst lässt sich sagen, dass die Vorteile eines Seminars doch überwiegen, auch wenn wie gesagt, jeder für sich die Notwendigkeit zur Teilnahme an einem Seminar selbst erkennen muss.

Sommerseminar mit Sifu Gary Lam 2006

Meine Erfahrungen und Erlebnisse als Schüler und Lehrer

Gute und Schlechte

Angefangen hat alles, wie bei vielen anderen auch. Ich wollte gerne so sein wie Bruce Lee oder andere Helden der damaligen Kampfkunst-Filme. Ich wollte mich effektivst verteidigen können und nicht ständig untergebuttert und blöde angemacht werden.

Ich musste schon früh feststellen, da ich immer der Kleinste war, dass, wenn man nicht schlauer, schneller und ehrgeiziger an eine Sache ranging, immer verloren hatte.

Man kann sagen, es war damals regelrecht ein Egoproblem oder Minderwertigkeitskomplex meinerseits. Ich wollte nicht immer der Verlierer sein. Wer sich nicht behaupten konnte, war unten durch. Wer in der Hackordnung an unterster Stelle steht, bekommt alles ab. In der heutigen Gesellschaft vielleicht sogar noch intensiver als früher. Die Gewalt heutzutage nimmt erschreckende Ausmaße an. Das war mit ein Grund, die Kampfkünste zu erlernen.

Außerdem, man war anders mit den Kampfkünsten.

Exotischer und unberechenbarer, denn man wusste und konnte ja etwas, was für Außenstehende eher geheimnisvoll und zum Teil beängstigend war.

Was ja auch heute noch so ist, aber ein völlig falsches Bild eines Kampfkünstlers wiederspiegelt.

Der Grund ausgerechnet *Ving Tsun* zu erlernen war wiederum, etwas zu machen, was damals noch nicht viele kannten und betrieben. Zudem, die Kampfsportarten (*Judo*, *Karate*, *Jiu Jitsu*, *Taekwon Do* usw.) der damaligen Zeit benötigten in der Regel viel Körperkraft um einen Gegner zu besiegen. Noch dazu wenn er mal schwerer und größer bzw. kräftiger war.

Die ein oder andere Auseinandersetzung wurde schon hin und wieder ausgefochten.

Man benötigte aus meiner Sicht eben spezielles Kampfkunst - Know How um bestehen zu können.

War ich doch jung und täglich auf der Jagd. Das heißt, Discos und Kneipen aller Art waren mir nicht fremd. Ebenso, die sich daraus ergebenden Auseinandersetzungen mit anderen "Jägern" . Ich war ja selbst nur 170cm groß und gerade mal 56kg schwer bzw. leicht. Was mir damals zu gute kam, war die zum kämpfen notwendige Aggressivität, die ich mitbekam während meines Aufenthaltes in einem Erziehungsheim mit 150 anderen Jugendlichen. Durch die Kampfkunst wurde glücklicherweise nun eine kontrollierte Aggressivität daraus, die heute in gesetztem Alter in der Regel nicht mehr benötigt wird. Außer man muss wirklich kämpfen.

Heute, im Alter von nahezu 50 Jahren ist die Jagd vorbei. Heute ist die Selbstverteidigung für mich eher zweitrangig geworden. Damals war es mir eben wichtig. Heute ist das Kämpfen nicht mehr wichtig. Ich hab keine Lust mehr irgendeinem Möchtegern oder Jungspund etwas zu beweisen. Heute interessiert mich mehr die Logik, die in diesem genialen System steckt.

Oft genug hab ich gezeigt, dass ich mir nichts gefallen zu lassen brauche.

Außerdem, ob mir das gefällt oder nicht, sich mit einem zwanzig Jahre jüngeren, der mir an Kraft und Kondition überlegen ist, sich im Training zu messen, geht halt einfach nur mehr bedingt und betrachte ich persönlich auch als absoluten Blödsinn.

Heute kann man sich im Vorfeld schon an Hand von Medien informieren, was *Ving Tsun* wirklich ist. Früher verfuhr man eben anders.

Zur damaligen Zeit gab es eben noch nicht viel Information aus Zeitschriften, Büchern, Videos usw. Und wenn es sie gab wusste man nichts davon. So erfuhr ich eigentlich verhältnismäßig spät, dass der Grundstil von Bruce Lees Kampfstil das *Ving Tsun* war. So war mein erster Kontakt mit *Ving Tsun* erst mit zwanzig Jahren.

Ich traf meinen damaligen Lehrer M. Till, der sein Wing Tsun unter K.R. Kernspecht erlernt hatte, zu einem Probetraining.

Mit einer Hand demonstrierte er mir meine Hilflosigkeit als er mich aufforderte ihn anzugreifen. Somit begann mein Wing Tsun -Unterricht im Sept./Okt. 1979.

Heute kann ich gar nicht mehr nachvollziehen, wie schwierig es für mich am Anfang war, *Tan Sao*-Fauststoß gleichzeitig mit einem Vorwärtsschritt und anschließenden Kettenfauststößen auszuführen ohne gleich umzufallen oder wie man z.B. Nuk Sao auszuführen hat.

Dann das *Chi Sao*! Die Koordination beider Arme so hinzubekommen, dass sie unterschiedlich von einander reagieren konnten. Oder erst mal den richtigen Druck zu spüren.

Es war wirklich nicht leicht als Anfänger.

Aufgrund meines doch fleißigen Trainings in München, Privattraining mit M. Till, Seminare bis Fehmarn und der Schweiz und Privatunterricht bei K.R. Kernspecht in Heidelberg /Lenaustr. hatte ich meinen sechsten Schülergrad bereits nach sechs Monaten intensivsten Unterrichts. Damals war es noch notwendig, sich sein schwarzes Sparringsabzeichen mit Boxhandschuhen zu erarbeiten. Hautabschürfungen und blaue Flecken waren damals aufgrund unserer hohen Motivation an der Tagesordnung. Heute kommen oft Schüler und wollen Unterricht, die das Wort Motivation gar nicht kennen und wundern sich, dass es nicht voran geht. Es ist nicht die Aufgabe des Lehrer die Leute zu motivieren.

Wer unmotiviert ins Training kommt wird auch nichts lernen. Jeder lernt nur für sich selbst und nicht für seinen Meister. Mein Drang nach mehr Wissen und Information über *Ving Tsun* war damals wie heute fast als verrückt zu bezeichnen. Auch wenn ich mein System als komplettiert ansehe, lerne ich immer noch durch die Erfahrungen, die ich durch meine Schüler mache.

In zwei Wochen wurde ich damals dreimal ko zu Boden geschickt. Jeden Abend nach dem regulären Training war Sparring unter Uwe Müllers Aufsicht in der Heidelberger Lenaustr. angesagt.

Ende 1983 kam dann zum erstenmal ein anderes *Ving Tsun* nach Deutschland.

Philip Bayer hatte *Wong Shun Leung (*Freund und Trainingspartner von Bruce Lee) nach Deutschland gebracht.

So kam es, dass Michael Till sich dieser Stilrichtung anschloss. Für mich brach damals eigentlich eine Welt zusammen. Wie konnte es damals jemand wagen, seinen Lehrer zu verlassen und sich einem anderen anschließen? Damals hieß es, man kann nur einen Sifu / Meister haben, was sich aber heutzutage als Unsinn herausstellt, denn jeder Meister hat bestimmte Vorzüge die er für sich in den Vordergrund stellt und von jedem dieser Meister kann man etwas lernen. Dadurch, dass es früher keine Programme gab, lernte eben einer dies und der andere das, oder ein Meister hat ein anderes Verständnis für die gleichen Techniken und Prinzipien als ein anderer, weil er es vielleicht zu einem anderen Zeitpunkt lernte.

Die Manipulationen, denen man zur damaligen Zeit wie auch heute noch ausgesetzt war, begriff ich zu diesem Zeitpunkt noch nicht. So trennte ich mich von Michael Till. Ein großer Fehler, wie sich heute herausstellt.

Da es zu diesem Zeitpunkt keine andere *Ving Tsun* Schule gab, eröffnete ich mit drei ein halb Jahren VT- und *Escrima*-Ausbildung, zweijähriger Karate und *Jiu Jitsu*- sowie einjähriger *Taekwon Do*-Ausbildung meine Chinese Boxing Schule. Davon stammte auch noch das erste Video dieser Art auf dem Markt, dass damals von uns produziert wurde. Der Ehrgeiz zu unterrichten hielt ca. drei/vier Jahre an.

Die finanziellen Mittel und Unwissenheit ein Geschäft zu führen, waren damals einfach unüberwindliche Probleme. Die Angst es nicht zu packen war einfach übermächtig. Ich musste die Schule schließen. So folgte eine mehrjährige *Ving Tsun*-Pause.

Das Thaiboxen faszinierte mich für die nächsten sechs Jahre, die ich in Thailand verbrachte. Ich nahm in

Deutschland an den ersten Seminaren dieser Kampfkunst teil.

In Thailand trainierte ich zweimal sechs Wochen in einem Trainingscamp nahe Pattaya-City.

Das es nur zweimal war, zeigt, wie anstrengend das Training dort war. Dort wird damals wie heute noch um den eigenen Lebensunterhalt und den der Familie in den Stadien gekämpft.

1992 kehrte ich wegen Geldmangel wieder nach Deutschland zurück und schrieb mich wieder in der Wing Tsun-Schule von H.J.Reimers in München ein, der damals unter K.R.Kernspecht trainierte. Der erste Trainingstag schon brachte mir ein gebrochenes Brustbein ein. Sechs Wochen Pause. Doch man wollte ja hart sein und ich merkte, es hatte sich nicht viel zu früher geändert. Dass es an der Unterrichtsweise liegen könnte, kam mir zu diesem Zeitpunkt gar nicht in den Sinn. Ich hatte damals erneut den Gedanken gefasst, wieder zu Unterrichten und machte weiter. So blieb dies auch nicht die einzige Verletzung des harten Trainings. Heute weiß ich, dass Härte im Training nicht unbedingt heißen muss, dass das Training damit auch gut ist.

1999 mit dem 12.Schülergrad eröffnete ich wieder eine Unterrichtsstätte.

Der Zufall wollte, dass ich die Möglichkeit hatte, von Sifu Leuschner, (Meisterschüler von Master Sunny Tang) der nach Kanada ausgewandert war, das Sunny Tang *Ving Tsun* zu erlernen.

Nach der Kündigung in München wurde mir so richtig bewusst, was ich all die Jahre an Zeit und Geld sinnlos verbraten hatte und wie ich eigentlich regelrecht ausgenommen wurde ohne weiterzukommen.

Eigentlich die schlimmste Zeit meines *Ving Tsun* Lebens.

Dann, 2004 ergab es sich, dass mich Sifu Leuschner aus Kanada anrief und mir mitteilte, dass er einen *Ving Tsun*-Stil in USA gefunden hätte, der unglaublich sein sollte. Er war ja erst mal auch skeptisch gewesen, meinte er. Ich soll es mir aber trotzdem mal anschauen.

Eigentlich hatte ich die Schnauze ja beträchtlich voll von solchen „tollen" *Ving Tsun*-Stilen.

Da wollte wieder nur einer den anderen finanziell ausnehmen aber es kam nichts vernünftiges dabei heraus, was mir in meiner Entwicklung half. So dachte ich bis zu diesem Zeitpunkt.

Zudem, billig war die Sache ja auch nicht gerade, wenn man Flug, Unterkunft, Training und tägliche Verpflegung zusammenrechnet.

Auf sein Drängen hin entschloss ich mich dennoch in seiner Begleitung nach Los Angeles zu fliegen um Master *Gary Lam* und sein System kennen zu lernen.

Schon der erste Eindruck von diesem Sifu / Meister war beeindruckend. Die herzliche Begrüßung und sein freundliches Wesen waren einfach toll.

Dann das erste Training. Ich war noch nie so gespannt. Waren doch Sifu Leuschners Erzählungen schon fast fantastisch anmutend.

Mit Master Gary selbst, Peter, Ernie, Howard, Paul und den anderen fortgeschrittenen Schülern zu trainieren und von ihnen zu lernen war einfach gigantisch. Ein Erlebnis, dass ich nicht missen möchte. Hier wurde offen und mit Lernerfolg trainiert.

Hier wurde nicht mit der Angst trainiert, ständig was auf die Nase und die Lippen zu bekommen oder generell geschlagen zu werden wie in anderen WT-Schulen.

Das dominante Gefühl für den Lernenden war nicht Angst vor dem Trainingspartner bzw. Sifu sondern Respekt.

Man wurde respektiert und man zollte dem anderen den gleichen Respekt. Dies war hier im Gegensatz zu früheren WT- Schulen, wo dem Anfänger bzw. Schüler schon am ersten Tag Ehr„furcht“ eingebläut wurde, ganz selbstverständlich.

Ich wollte ja was lernen und nicht verprügelt werden.

Ein *Ving Tsun* wie ich es vielleicht die ganzen Jahre gesucht hatte, stand mir nun offen. Es folgten vier Wochen täglich acht bis neunstündiges Training. Was in etwa ein Jahr Normaltraining gewesen wäre.

Angefangen mit Master Gary und Sifu Leuschner um neun Uhr Morgens bis Mittags.

Am Nachmittag, eintrainieren der am Morgen erlernten Sachen mit Sifu Leuschner und am Abend bis 21.00 Uhr mit den Schülern von Master Gary die Sache verbessern. Dazu zu sagen ist, für einen knapp 50 jährigen wie mich, der damals ja selbst schon 27 Jahre *Ving Tsun* hinter sich hatte, war es körperlich anstrengend und frustrierend zugleich, zu sehen wie hier mit einer Leichtigkeit Prinzipien ihre Anwendung fanden, die mir vorher niemand erklären konnte. Hier wurden zum ersten Mal Konzepte und Prinzipien erklärt, so dass man sie auch versteht. Keine Frage blieb unbeantwortet. Selbst mit Master *Hawkins Cheung*, Originalschüler von *Yip Man*, der hin und wieder zu Besuch kam, konnte man sich unterhalten und ihm Fragen stellen.

So erhielt ich aufgrund meiner Vorbildung, die sehr wichtig war, und meines Lernen - Wollens den *level one* von *Gary Lam* überreicht.

Es soll auch nicht unerwähnt bleiben, dass die Hilfsbereitschaft aller Schüler und der Master Garys dieses Ergebnis erst ermöglichten. Nichts wurde zurückgehalten oder versteckt. Man konnte sogar jederzeit beim *Baat Chum Dao*-Training der Meisterschüler zuschauen. Jeder war bemüht mir soviel an *Ving Tsun* mit nach Hause zu geben wie nur möglich. Sogar meine Schulterschmerzen, die aufgrund meines jahrelangen ständig falsch praktizierten *Bong Sao* entstanden waren, gehörten nun der Vergangenheit an.

Bekam ich von Master Gary doch einen Trank zur Heilunterstützung der an Geschmack das Ekligste war, dass ich im Leben getrunken hatte. Doch das Ergebnis war beeindruckend.

Nach zwei Tagen waren die Schmerzen weg und sind auch bis heute nicht mehr aufgetreten.

Man muss dazu erwähnen, wer glaubt, jeder kann dorthin und sich die Urkunden kaufen, oder zu glauben er bekommt sie geschenkt, der irrt sich gewaltig. Master Gary verschenkt seine Graduierungen nicht. Wer sich nicht bemüht, geht ohne heim. Was mich darum besonders stolz auf das Erreichte macht. Hier wurde mir der Glaube ans *Ving Tsun* zurückgegeben. Das wichtigste für mich aber war, dass hier die Konzepte und Prinzipien so erklärt wurden, dass sie nun funktionieren. Keine Rückenschmerzen mehr, weil mich mein größerer Trainingspartner ständig ins Hohlkreuz drücken konnte. Keine schmerzende Schulter mehr, weil man den *Bong Sao* falsch angewendet bzw. falsch verstanden hat. Wie konnte ich dem Druck meines Gegenübers mit den Armen standhalten ohne einzubrechen.? Wie ist es möglich, dass ich mit meinen 65kg Gewicht trotzdem 100kg schweren zum Teil sogar noch gewichtigeren Leuten widerstehen kann? Viele andere behaupteten sie wissen das auch alles, doch keiner konnte es mir so erklären, dass ich es verstand und auch anwenden konnte. Master Garys Leute können es eben auch zeigen und einem fühlen lassen. Irgendwas muss ja dann von den anderen wohl verkehrt erklärt worden sein, wenn es mir hier sogar in englisch vermittelt werden konnte und mein Englisch-Verständnis wirklich nicht perfekt ist.

Denn, wenn man sich das Gerede der Pseudo-*Ving Tsun*-Leute in den Foren anschaut, frag ich mich jedes mal wieder, ob die ihren Kopf nicht nur aufhaben, damit es nicht in deren Hals regnet. Was hier an Beleidigungen, Gerüchten, Unsinn und Besserwisserei kursiert, passt auf keine Kuhhaut.

Jeder ist der Beste, jeder hat das Beste, jeder kann und weiß alles und alles andere ist schlichtweg Schei...! Wie krank muss man sein, um so zu denken? Jeder ist zu arrogant um auch mal was anderes akzeptieren zu können. Warum lässt man nicht jeden machen, was er für richtig hält? Niemand wird sich aufregen, wenn man seinen Lehrer als den für sich besten herausstellt. Doch deshalb muss man doch niemand anderen beleidigen und herabsetzen, noch dazu wenn man selbst nichts mehr dazulernen will. (weil man schon so gut ist und alles weiß). Dann sollte man doch besser ruhig sein und sich freuen, dass man der beste aller Pseudos ist.

In diesen Foren kennen einen Leute die man nie zu vor im Leben gesehen hat.

Muss man sich denn wirklich so wichtig machen? Ich glaube, diese Leute haben nichts dazu gelernt. Denn, wie kann sich nur als Beispiel, ein 15 jähriger über sein tolles Können im *Ving Tsun* äußern bzw. sich ein Urteil über andere (Lehrer und Schüler) erlauben? Bei welchem Sifu hat so einer gelernt. Unfassbare Wichtigtuer und blamable Aufschneider, die keine Diskussion wert sind. Sich mit solchen Leuten zu unterhalten, bedeutet, in die Wortschatz-Steinzeit zurückkehren zu müssen.

Das wäre ja das gleiche, als ob ein Lehrling im ersten Lehrjahr seinem 50 jährigen Meister belehren will. Einfach lächerlich. Mein Rat an solche Leute wäre, ganz einfach den Mund zu halten und wieder unter den Stein zurückzukriechen unter dem sie hervorgekrochen sind.

Jeder sollte meiner Meinung nach stolz sein, *Ving Tsun* lernen zu können, egal welcher Stilart oder Schreibweise. *Ving Tsun* ist einfach einzigartig, genial und logisch.

Da dieses *Gary Lam-Ving Tsun* auch meine Schüler persönlich sehen und spüren sollten, lud ich Master Gary ein, das erste Deutschland-Seminar abzuhalten.

Der Erfolg dieses Seminars bestätigte meine zehnmonatigen Bemühungen das Seminar zu organisieren. Ein einmaliges Erlebnis, dass höchstwahrscheinlich kein zweites Mal kommen wird. Teilnehmer aus den verschiedensten Ländern reisten an um mit Master Gary zu trainieren. Besonders stolz machte mich ja, dass so viele Meister verschiedener Stile anwesend waren. Master Gary wollte gar nicht Schluss machen. Sogar in seinem Hotelzimmer wurde weitertrainiert und diskutiert. Sogar beim Essen erklärte er noch weiter *Ving Tsun*. Für mich das beeindruckendste Seminar meiner *Ving Tsun*-Laufbahn. Und davon hatte ich wirklich schon viele mit den unterschiedlichsten Meistern erlebt.

Und mit das Wichtigste:

Alle Teilnehmer waren begeistert vom Können, Wissen und Charisma dieses Meisters.

Die Fülle an Informationen und Neuem war enorm.

Ein weiterer Schritt meiner eigenen *Ving Tsun*-Entwicklung war die Ausbildung zum *level two*, von Master Garys System, die ungeahnte Einblicke brachte.

Zwischendurch möchte ich erwähnen, dass dies ganz allein mein Eindruck von Master Gary und seinem System ist. Was andere darüber denken, ist für mich so wichtig wie ein Kropf.

Wenn nun jemand denkt, sein *Ving Tsun* wäre besser, dann bestätige ich ihn eigentlich noch darin, denn dann hat er doch das gefunden was er gesucht hat. Dann braucht er sich über nichts mehr Gedanken zu machen, was besser oder schlechter ist.

Wichtig für mich persönlich ist, auf alle Fälle weiterzulernen, und nicht in der Entwicklung stehen zu bleiben, um das Gelernte an die Schüler weiterzugeben, die wirkliches Interesse daran haben *Ving Tsun* zu lernen.

Eine der wichtigsten Erfahrungen die ich im Unterricht mit den Schülern gemacht habe ist, dass man nicht alles eins zu eins vermitteln kann. Techniken funktionieren anders, wenn man groß, klein, stark, schwächer, leichter oder schwerer ist. Man muss dann individuell für den einzelnen entscheiden. Denn, was bei einem selbst funktioniert, kann bei einem anderen versagen. Vielleicht ist er kleiner, schwächer oder weniger aggressiv. Dann muss die Technik eben angepasst werden an die Anforderungen des einzelnen. Was aber immer gleich bleibt sind die Prinzipien und Konzepte.

Wie gut ich das *Ving Tsun* nun weitergeben kann und wie gut meine *Ving Tsun*-Charaktereigenschaften nun sind, werden an Ende doch meine Schüler entscheiden.

Und wie gut und effektiv ich mit *Ving Tsun* kämpfen kann, wird nur der erfahren, der mich angreift und versucht mir, meiner Familie oder Freunden etwas anzutun.

Denn, das hat dann nichts mehr mit Training und Rücksichtnahme zu tun.

Nun, nachdem sich mir das gesamte *Ving Tsun* System erschlossen hat, macht es für mich Sinn nach Perfektion zu streben. Denn, erst nach dem Verstehen des „Warum funktioniert Was und Wie“ war ich in der Lage mich selbst zu korrigieren. Alle Meister, die ich während meines eigenen *Ving Tsun*-Studiums kennen gelernt habe, lernten auf diese Weise.

Daran hat sich nichts geändert und wird sich auch in Zukunft nichts ändern.

Es macht mich stolz, wenn die jüngere Generation heute von meinem Wissen profitieren kann und will, oder auch mal ein alter Hase zum Nachfragen und Diskutieren kommt.

Außerdem bin ich immer noch fest davon überzeugt, das *Ving Tsun* nicht erdacht wurde um gegen

Ving Tsun, egal welcher Schreibweise oder Stilrichtung, zu kämpfen, sondern um die damals existierenden Stile zu besiegen. Den früher gab es nur einen *Ving Tsun*-Stil. Es gab keine Streitereien, wer den nun der beste *Ving Tsun*-Kämpfer sei oder wer das beste System betreibe.

Ich möchte mich nicht einreihen in die Gruppe von Leuten die dies einfach nicht verstehen und ewig Gestrige bleiben, darum interessiert mich dieses Gerede auch nicht mehr.

Nun, mit der erlernten letzten *Ving Tsun*-Form, der *Baat Chum Dao*-Doppelmesserform erschließt sich mir das wirkliche *Ving Tsun* und die Prinzipien funktionieren wie von selbst.

Ich wollte einfach nur *Ving Tsun* erlernen und habe dieses Ziel durch ständiges „dranbleiben“ erreicht.

Was mir in letzter Zeit immer öfter auffiel, war die Tatsache, dass der deutsche (vielleicht auch europäische) Schüler keinen Wert auf lockeres Training legt.

Jeder will geprüft werden um somit seine Motivation aufrecht zu erhalten.

Wen der Schüler aber keinen Überblick zumindest über das Teilstück des *Ving Tsun* hat das er gerade übt, verliert er die Lust am Training und am Vorankommen. Einige wenige Schüler bestätigen die Regel.

Was mir ebenfalls etwas aufstößt ist die Tatsache, dass in verschiedenen Stilen der Schüler so aggressiv getrimmt wird, dass anstatt wirklicher Kampfkünstler nur noch wüsste Schläger dabei herauskommen. Allein schon wenn der Übungsleiter bzw. Lehrer seine Schüler verprügelt um sie aggressiv zu machen um dann behaupten zu können meine Schüler können was. Was kann er?? Brutal auf einen am Boden liegenden Wehrlosen eintreten und einschlagen? Ist das richtiges „*Ving Tsun*“ so wie es die Tradition lehrt??

Da scheint es an Charakter und Ethik bei den obersten Sifus mancher Organisationen zu mangeln, wenn er so etwas Gut heißt und unterstützt.

Um auf einen Wehrlosen einzutreten, dazu braucht es kein *Ving Tsun*.

Jeder Straßenschläger macht das.

Wir wollen *Ving Tsun* lernen, damit wir das nicht machen müssen.

Unser schlimmster Gegner!!!

Unsichtbar, unbekannt und doch permanent da:

die Angst

Wenn die Hände nicht mehr zu beruhigen sind und feucht werden, kalter Schweiß auf die Stirn tritt, die Knie anfangen zu zittern und es einem im Magen schlecht wird, dann ist er da - unser größter und ärgster Gegner: die Angst.

Niemand kann sie einem nehmen, die Angst. Aber warum ist das so und woher kommt sie?

In früheren Tagen ebenso wie heute ist die Angst ein Phänomen, das uns sagt, wenn wir in eine Situation kommen, die für uns unbekannt ist und möglicherweise Gefahr für Leib und Leben bedeutet.

Die Angst ist also ein Urinstinkt, der uns dazu veranlassen soll zu fliehen, damit uns nichts passiert. Sie kann aber auch Kräfte freisetzen, die wir benötigen, wenn wir uns in einer scheinbar ausweglosen Situation befinden.

Nicht jeder hat in der gleichen Situation aber die gleiche Angst.

Warum ist das so?

Manche haben eine bestimmte Situation oder Gefahrenlage schon mehrfach gut und sicher überstanden. Das heißt, für diesen Personenkreis ist diese Situation keine Gefahr mehr vor der man Angst haben muss. Man hat sie ja schon so und sooft überstanden und sie ist zur Normalität des Alltags geworden. Was ich damit sagen will ist folgendes:

Für unser *Ving Tsun*-Training gilt, je öfter ich mich einem unvorhergesagtem Kreistraining oder Sparring mit unvorhergesagten Angriffen stelle, umso mehr wird dies zu einem Teil meines täglichen Alltags und somit zur Normalität. Je öfter ich also diese Trainingsform mache umso weniger Angst hab ich davor und ich kann viel ruhiger sein und mich auf die wesentlichen Dinge konzentrieren.

Sicher wird dies die Angst in einem richtigen Kampf nicht vollkommen ausräumen, doch man nimmt der Situation „Unbekannt" viel von seinem „ich hab Angst davor"!

Dieses Training schafft ein Selbstbewusstsein, das uns hilft solche Situationen mit weniger Angst zu begegnen und zu überstehen. Durch dieses Training weiß ich auch was auf mich zukommen kann und bin demzufolge nicht überrascht. Meine Abwehrmaßnahmen werden durch geschultes Training automatisiert.

Gerade auch bei einem Personenkreis, der noch nie in dieser Angstsituation war, bezugnehmend jetzt auf eine Auseinandersetzung.

Man sollte sich im Training bewusst dieser Stresssituation aussetzen, um bewusst handeln zu lernen. Am Anfang mag es durchaus sein, dass man das ein oder andere Mal noch in eine Angststarre verfällt oder nicht mehr weiter weiß. Dies ändert sich aber von Mal zu Mal und man kann den Fortschritt der Angstüberwindung förmlich sehen und spüren.

Blindes Vorwärtsstürmen sollte trotzdem absolut vermieden werden, damit man nicht angstblind wird und eine wirkliche Gefahr nicht mehr erkennen kann.

Denn die Angst ist ja dazu da, uns vor einer Gefahr zu warnen.

Wenn man also seine Verteidigungsfähigkeit in einer Straßenkampf-Situation verbessern will, sollte man so realitätsnah wie möglich trainieren und zwar immer wieder.

Denn wie ich schon immer sagte. „Kennen ist nicht gleich Können“

Wenn ich eine Situation kenne heißt das noch lange nicht, dass ich damit auch zurecht komme. Aus diesem Grunde trainieren wir gerade im *Ving Tsun* , um diese Angst- und Gefahren-Situationen kennen zu lernen und richtig damit umzugehen lernen. Vor allem, für uns richtig umzugehen lernen.

Jeder hat Angst, der eine mehr, der andere weniger, je nachdem , wie oft ich eine gewisse Situation schon sicher durchlebt und sicher überstanden habe.

Möglicherweise können Sie aber die Angst auch zu Ihrem Vorteil nutzen.

Nämlich dann, wenn Sie ihrem Gegner Angst machen können durch psychologische Trick. z. B. könnte ich mir als Übertreibung zwar, aber dennoch gut vorstellen, dass der Angreifer einen Rückzieher macht, wenn Sie sich gleich Aidshandschuhe überziehen und ihm klarmachen, Sie haben die Absicht sich zu wehren.

Oder ihm erklären, dass er ebenfalls mit beträchtlichen Verletzungen zu rechnen hätte bei einer Attacke auf Sie.

Dies sind sicherlich jetzt nicht die besten Beispiele zur Nachahmung, doch sie zeigen, dass auch Psychologie zur Kampfkunst gehört und man sie gewinnbringend bzw. zu seinem eigenen Vorteil einsetzen und nutzen kann.

Aber wie bereits erwähnt. Ein bisschen Angst hat noch niemandem geschadet, denn sie bewahrt uns davor einen verhängnisvollen Fehler in einer körperlichen Auseinandersetzung zu begehen.

Vertrauen Sie viel lieber auf ihre gute Vorbereitung und die sichere Technik des *Ving Tsun* Sie werden mit Sicherheit nicht unbesiegbar, aber Ihr Selbstbewusstsein wird so leicht keinen Knacks bekommen. Lassen Sie die Angst nicht mehr unsichtbar und unbekannt sein. Wenn sie die Angst kennen, werden Sie damit auch umgehen können.

Im Training werden Sie auch merken, dass der „Schmerz" an sich, wenn er nicht ständig vor dem geistigen Auge als Angstmacher schwebt, durchaus auch mal wegzustecken ist.

Viele kleine Verletzungen wie blaue Flecke oder ein Kratzer auch mal eine blutige Lippe werden Sie erst mal gar nicht bemerken. Das meiste ist nach fünf Minuten sowieso schon wieder vorbei und vergessen. Außerdem kann unser Gehirn den Schmerz, der uns Angst machen könnte ziemlich gut verdrängen, wenn man das will. Und das ist der Punkt. „Unser Wille". Mein Wille sagt mir bis zu einer gewissen Grenze, ob ich Schmerz und somit Angst davor spüren will oder nicht. Wenn mir der Schmerz bis zur erwähnten Grenze egal ist, werde ich ihn auch bis dahin weniger spüren bzw. verdrängen können und er macht mir demzufolge auch keine bzw. weniger Angst. Sie sehen, vieles kann man sich antrainieren. Auch den Umgang mit der Angst zurecht zu kommen.

Zum Schluss noch: In einer wirklichen Kampfsituation hilft uns unser Körper dann zusätzlich noch mit Adrenalin als Angst- und Schmerzminderer.

Wie gut ist Ving Tsun?

Über die kontrollierte Aggressivität!

Um diese Frage beantworten zu können, ist eine kleine Unterteilung notwendig.

a) Zum ersten, *Ving Tsun* für Männer!
b) Zum zweiten, *Ving Tsun* für Frauen!
c) Zum dritten, *Ving Tsun* gegen *Ving Tsun*!

Zum ersten Teil ist erst mal zu berücksichtigen, ob man überhaupt die erlernte *Ving Tsun*-Technik einsetzen möchte und kann!

Viele lernen *Ving Tsun* und Escrima-Waffenkampf um sich effektivst verteidigen zu können, sind aber dann nicht in der Lage ihr erlerntes Wissen nutzbringend anzuwenden.

Man könnte ihnen genauso gut eine Pistole in die Hand drücken und sie würden trotzdem unterliegen. Ganz einfach, weil sie möglicherweise die Konsequenz vor Augen haben, wenn sie den Angreifer verletzen oder vor Angst starr sind usw. Hier ist der Ausbilder gefragt, nämlich dem Schüler eine kontrollierte Aggressivität beizubringen.

Was nützt einem Krieger die beste Waffe, wenn er sie nicht einzusetzen vermag.

Man wird deshalb keineswegs zum alles vernichtenden Monster, sondern diese kontrollierte Aggressivität hilft uns in nur diesem einen für uns notwendigen Moment.

Dann, und nur dann greifen die über Monate oder Jahre hinweg erlernten *Ving Tsun*-Techniken und Prinzipen.

Denn, man kann nicht auf Rücksicht seitens des Angreifers rechnen. Der hat seinen Plan, den er in die Tat umzusetzen versucht, nämlich uns Schaden zuzufügen. Wir können dies nur erfolgreich mit den erlernten *Ving Tsun*- bzw. Escrima-Techniken verhindern.

Manche Menschen haben diese Aggressivität ohne Training. Diese brauchen kein *Ving Tsun* um sich zu verteidigen.

Auch Menschen, die nahezu zwei Meter groß und 100kg schwer sind, werden eher selten in die Situation kommen, sich mit *Ving Tsun* verteidigen zu müssen. Es ist aber die Mehrzahl der Menschen die, wenn unverhofft in eine böse Situation geraten, nicht wissen, was zu tun ist und denen diese notwendige kontrollierte Aggressivität und entsprechende Technik zur Verteidigung dann fehlt

Hier setzt dann unser wirksames Training ein. Bauen Sie Selbstbewusstsein auf und es wird funktionieren. Trauen Sie sich, es anzuwenden wenn nötig.

Der Angreifer selbst ist in der Regel ebenso aggressiv, denn wäre er friedfertig, würde er uns wohl kaum attackieren wollen und gegen diesen Angriff haben wir unser *Ving Tsun* entgegenzusetzen.

Wichtig ist vor allen Dingen, wenn Sie *Ving Tsun* anwenden mussten, schauen Sie nicht wie gut ihre Technik funktioniert hat oder verharren in einer Kampf-Position.

Glauben Sie mir, *Ving Tsun* funktioniert.

Sie dürfen laut Gesetz bis zur Aufgabe des Angreifers eines gesetzwidrigen Angriffes handeln.

Wie schon in einem vorherigen Artikel erwähnt: Attack is better than protect!

Geben Sie ihrem Gegner nicht die Möglichkeit erneut ins Spiel zu kommen um Sie erneut zu attackieren. Selbstverständlich müssen die Gesetze trotzdem geachtet werden. Ich kann niemandem ein blaues Auge verpassen, nur weil mich dieser schief angesehen hat.

Die meisten der Angreifer rechnen mit einem verteidigenden Rückzug. Der *Ving Tsun*-Praktizierende erlernt einen verteidigenden Vorwärtsgang, um zum Teil schon im Ansatz auf einen bevorstehende Angriff zu reagieren. Dieser Vorwärtsdrang, dazu die kontrollierte Aggressivität in Verbindung mit der ausgeklügelten Technik des *Ving Tsun* bringt diesen Erfolg. Im *Ving Tsun* Kung Fu will ich mich nicht in eine unkontrollierte Defensive drängen lassen, aus der ich kaum noch die Möglichkeit habe, ungeschoren aus einer prekären und gefährlichen Situation zu entkommen.

Auf einen *Ving Tsun*-Praktizierenden, egal welcher Stilart dieser unglaublichen Kampfkunst, als Angreifer zu treffen, ist sowieso fast schlichtweg unmöglich. Niemand der *Ving Tsun* oder Escrima erlernt hat geht damit auf die Straße und pöbelt Leute an oder schlimmeres. Kein Lehrer würde einen solchen Schüler weiter unterrichten geschweige denn dieses gut heißen.

Wenn ich mich an das von meinem Lehrer Gelehrte halte, wird *Ving Tsun* definitiv funktionieren, egal welchen *Ving Tsun*-Stil ich nun betreibe, und kein guter Lehrer (Sifu) wird seine Schüler dazu anhalten, Ärger zu machen. Denn, ist der Lehrer charakterstark, ehrlich, anständig und freundlich, werden auch seine Schüler positiv davon profitieren.

Für den zweiten Teil kann man sagen, dass Frauen durchaus in der Lage sind, sich mit *Ving Tsun*-Techniken effektivst zu verteidigen. Der Vorteil bei einer Frau liegt zweifelsohne wie bei Männern auch im Überraschungseffekt. Wir gehen nun davon aus, dass sich eine Frau gegen einen männlichen Angreifer zur Wehr setzt, der nicht mit Gegenwehr rechnet und vor allem sich als Aggressor zu erkennen gibt.

Bei jemandem, der höflich um Feuer für seine Zigarette bittet und dann plötzlich ein Messer in der Hand hat, wäre selbst bei einem Mann eine Gegenwehr fatal.

Hier muss man versuchen ruhig zu bleiben und auf den richtigen Moment zur Gegenwehr zu warten. Diese Gegenwehr dann aber konsequent und ohne zu zögern auszuführen.

Ein Angreifer hat sicher auch kein Mitleid mit ihnen.

Wenn die Frau jedoch waffenlos bedrängt wird und den Überraschungsmoment nutzt, hat sie die besten Chancen sich mit *Ving Tsun* hervorragend und relativ sicher verteidigen zu können.

Selbstverständlich sollte man nicht außer Acht lassen, dass eine gewisse Aggressivität des Verteidigers, in diesem Falle der Frau, unbedingt notwendig ist, um den Angreifer von weiteren Attacken abzuhalten und um flüchten zu können. Ein weiterer Vorteil für eine Frau sich zu verteidigen wäre, auf alle Fälle auf Alltagsgegenstände wie Handy, Hausschlüssel, Regenschirm etc. zurückzugreifen.

Dieses Verhalten lässt sich, wenn man etwas Geduld aufbringt, sehr gut antrainieren.

Wichtig ist vor allem bei der Frauen-Selbstverteidigung: Lassen Sie sich nicht auf eine lange Auseinandersetzung mit einem Mann ein, denn sonst ist vorhersehbar, dass Sie verlieren. In der Regel, mit einigen Ausnahmen, fehlt Ihnen die Kraft, die Brutalität und die Aggressivität eines männlichen Bösewichts.

Nutzen Sie ihren Überraschungsmoment in Form Ihrer *Ving Tsun*-Techniken um sich genügend Freiraum zur Flucht vor dem Angreifer zu verschaffen und dies dann auch wirklich konsequent auszunutzen.

Dann funktioniert *Ving Tsun*-Kung Fu auch ausnahmslos wenn es Frauen anwenden müssen. Wenn Sie aus einer für Sie gefährlichen Situation entkommen konnten, hat Ihr bzw. unser *Ving Tsun* funktioniert.

Zum dritten Teil ist zu sagen, dass sich *Ving Tsun*-Praktizierende erst bekämpfen, seit es das WT von K.R.Kernspecht und das *Ving Tsun* von Philip Bayer gibt.

Alle anderen Stilrichtungen kamen erst in den Jahren danach zu uns nach Deutschland und den europäischen Raum und haben sich gleich mit ihren dummen Aussagen an dieser Diskussion (wer hat das beste *Ving Tsun*) beteiligt.

Es wird immer propagiert, dieses *Ving Tsun* ist besser als jenes *Wing Tsun* oder ein anderes *Wing Chun* oder *Ving Chun* oder *Wing Tschung* oder *Wing Tjun* und so weiter und so weiter.

Dass ein 100kg schwerer *Ving Tsun*-Kämpfer leichtes Spiel mit einem 60kg leichten *Ving Tsun*-Kämpfer hat, ist unbestritten, auch wenn der eine oder andere anderer Meinung sein sollte. Im *Ving Tsun* würde bei einer Auseinandersetzung untereinander nur eine wüste Schlägerei herauskommen, bei der der Stärkere gewinnt, da unser Gegenüber in diesem Falle ja das gleiche weiß und entsprechend reagieren würde. Unabhängig wie aggressiv oder stark der eine oder andere wäre. Aus welchem Grund glauben Sie gibt es beim Boxen, *Kickboxen*, Muay Thai usw. überall Gewichtsklassen??? Die MMA (Mixed Martial Arts usw.) sind davon nicht ausgenommen. Auch hier kämpft kein 60kg Mann gegen einen 130kg Mann.

Zudem gibt es Matten, Ringrichter, Zeitlimit usw.

Stellen Sie beispielsweise zwei Boxer, einer 65kg (Weltmeister) und einen 110kg (ebenfalls Weltmeister) schwer gegenüber. Wer glauben Sie wird wohl gewinnen!?

Im *Ving Tsun* kommen Herausforderer 100kg schwer und zwei Meter groß zu anderen *Ving Tsun* Lehrern 60kg leicht und 1,70m klein und wollen durch einen Kampf herausfinden wer nun das bessere *Ving Tsun* hat.

Wie dumm also muss dieser Herausforderer sein, um in so einem ungleichen Kampf etwas herausfinden zu wollen.

Wie Sie hierbei sehen, heißt es nicht automatisch, dass derjenige, der mit Wing Tsun angefangen hat, gleichzeitig damit auch angefangen hat, sein Gehirn einzusetzen.

Glücklicherweise gibt es solche Auswüchse nur in den großen Organisation deren Lehrer und Sifu's angeblich bestens geschult sind. Anscheinend aber nicht gut genug.

Anders ist es dann, wenn sich ebenfalls ein 65kg schwerer *Ving Tsun*-Kämpfer und ein 100kg schwerer

„Normalbürger" gegenüberstehen. Selbst wenn der Gegenüber eine andere Kampfsportart betreiben würde ginge die Sache schon ganz anders aus, da *Ving Tsun* in der Selbstverteidigung einfach und kompromisslos ist und dem Aggressor keine Chance lassen würde überhaupt ins Spiel zu kommen. Hier ist dann einfach alles erlaubt.

Selbstverständlich ist es auch nicht zu vergleichen, wenn jemand 20 Jahre *Ving Tsun* betreibt und sein Gegenüber gerade mal drei, vier oder fünf Jahre auf dem Buckel hat.

Hier zählt nun mal auch die Erfahrung des Einzelnen. Auch ob er selbst unterrichtet oder nur einmal die Woche im Training erscheint.

Eins noch zum Schluss: Sie werden mit *Ving Tsun* für einen Angreifer ein Gegner, der diesem das gleiche entgegenzusetzen hat was er Ihnen zugedacht hat.

Aber Sie werden nicht unbesiegbar, denn wir sind keine Zauberer*!*

In der heutigen Zeit, in der jugendliche Aggressoren in Banden über andere grundlos herfallen ist es wichtig, *Ving Tsun* zu machen um Hilfe leisten zu können.

Denn mit der Hilfe eines *Ving Tsun*-Clansman ist derjenige der Hilfe benötigt schon nicht mehr allein gegen eine Gruppe brutaler und dummer Schläger.

Zum Schluss noch: Die meisten, die selbst Unterricht geben oder gaben, wurden gute *Ving Tsun*-Kämpfer auf Grund ihrer über Jahre hinweg gemachten Erfahrungen mit ihren Schülern.

Wie gut *Ving Tsun* ist zeigt sich auch nicht, wenn ich bei einem Probetraining dem Interessenten gleich eine blutige Lippe schlage, denn der kam ja um von uns zu lernen und nicht, um schon am Anfang gleich Furcht vor uns eingebläut zu bekommen und für die Zukunft sich nicht mehr getraut, auch nur einen Muckser zu machen, weil er ja wieder damit rechnen muss, von seinem Ausbilder verprügelt zu werden.

Also: Brutalität im (Probe)-Training hat absolut nichts mit „*Ving Tsun*-Können“ zu tun.

Es zeigt nur, dass man sich nicht unter Kontrolle hat und mit seiner *Ving Tsun*-Technik nichts anzufangen weiß.

Zum Abschluss dieses Artikels noch eine nicht unerhebliche Kleinigkeit:

„Ein *Ving Tsun*-Kämpfer sollte verstanden haben, dass er viel von der Kraft, Schnelligkeit und dem Gewicht des Gegners durch seine überragende Technik und seinen funktionierenden Prinzipien kompensieren kann, doch er wird nie fliegen können.“

Das heißt: Auch für ihn gelten die physikalischen Gesetze die er zwar strecken aber nicht überschreiten kann.

Jeder Martial Artist (in unserem Falle eben *Ving Tsun*-Kämpfer) wird nur so gut, wie es ihm seine ureigene Kraft, Schnelligkeit, Auffassungsgabe, Talent, Aggressivität, Vorlieben, Improvisationsgabe, Statur usw. zulassen.

„Ein Kämpfer bleibt immer ein Kämpfer, manche werden nie kämpfen können.“

Daran lässt sich nichts ändern, auch nicht mit Geld.

Die Verteidigung gegen Waffen

Als erstes möchte ich eine kleine Unterteilung von Waffenangriffen vornehmen.

1. Stockangriffe
2. Messerangriffe
3. Schusswaffen

Bei dieser Unterteilung wollen wir unberücksichtigt lassen, welche Länge der Stock oder die Klinge hat, noch welche Schusswaffe (Pistole od. Gewehr) uns bedroht, da dies für diese Unterteilung erst einmal unrelevant ist. Auf die verschiedenen Längen oder Schusswaffen kommen wir während des Artikels zurück.

„der Stockangriff"

Wurden Sie schon einmal ernsthaft mit einem Stock egal welcher Länge angegriffen?

Wenn ja, wissen Sie, dass ein enormer Unterschied zum Training mit einem Trainingspartner besteht, der Rücksicht auf Sie nimmt.

Aus eigener Erfahrung kann ich sagen, dass sich ein Stockangriff nur abwehren lässt, wenn ich einen Menschen vor mir habe, der überhaupt keine Ahnung von Stockangriffen hat oder jemanden, der so wütend ist oder eventuell betrunken, dass er alle eigene Vorsicht außer Acht lässt um mich zu treffen.

Nur solche Personen greifen so „schön“ an, dass eine effektive Abwehr meinerseits möglich ist und mir nichts passieren kann.

Dann haben wir eine reale Chance gegen einen Stockangriff.

Im anderen Fall, nämlich beim Stockangriff eines Profis (Escrimadors) besteht keine Möglichkeit, unbeschadet seinen Angriff abzuwehren. Hier habe ich nur die Möglichkeit mit einem Opfer (schwächerer Arm) abzuwehren und die ganze Power in meinen Konter zu setzen um weitere Angriffe zu unterbinden. Hier ist mir schon im Vorfeld bewusst, dass ich mit einer Verletzung zu rechnen habe.

Das heißt, wir üben für den Fall, dass wir keinem ausgebildeten Stockkämpfer als Angreifer haben, denn man nimmt ja eine Waffe, um dem anderen vermeintlich überlegen zu sein, was zwar der Gedankengang eines unbedarften ist, aber auch der eines Profis.

Gegen einen Profi wie einen ausgebildeten Escrima-Kämpfer gibt es unbewaffnet keine Chance einer sicheren Abwehr.

„der Messerangriff“

Die wahrscheinlich gefährlichste Waffe in der zivilen Auseinandersetzung, „das Messer“*!*

Die meisten Kampfsportschulen lehren ihren Schülern Abwehrtechniken gegen alle möglichen Messerangriffe.

Hier spielt es keine Rolle, ob der Angreifer Profi ist oder nicht. Hier werden wir mit an Sicherheit grenzender Wahrscheinlichkeit nicht ohne Verletzung davonkommen, wenn man nicht sofort schon beim Erblicken des Messers umdreht und davonrennt.

Ein weiteres Problem ist, dass jeder sich ein Messer besorgen kann. In jedem Haushalt gibt es Messer, die an Schärfe einem Skalpell kaum nachstehen.

Einen Stock kann ich möglicherweise noch greifen. Eine Klinge, auch wenn sie stumpf ist, eben nicht ohne schwerste Schnittverletzungen zu riskieren.

Selbst wenn ich das große Glück hatte, den Arm des Angreifers zu fassen zu bekommen, heißt das noch lange nicht, dass ich sicher bin. Eine ruckartige blitzschnelle Bewegung der Messerhand des Gegners und ich bin schon wieder verletzt. Ganz davon abgesehen, dass er ja auch zustechen könnte und es nicht nur einen „schönen" geraden Stich zum Bauch gibt.

Ein Stich in die Halsschlagader, zum Herz, zu den Nieren usw. und der Kampf ist für mich auf alle Fälle, selbst wenn ich nicht sofort sterben sollte, beendet.

Selbst wenn ich „nur" einen Schnitt an der Arminnenseite erhalte, ist es für mich vorbei.

Aus diesem Grund bin ich immer wieder erstaunt, welch phantasievolle Abwehrtechniken gegen Messerangriffe gelehrt werden. Schauen Sie sich Techniken anderer Stile (Krav Maga, Jiu Jitsu usw.) an um es zu vergleichen. Unbewaffnet stellen die Vertreter dieser Stile sich messerbewehrten Angreifern und können diese auch noch unbeschadet abwehren. Glauben Sie wirklich, dass dies funktioniert???

Gegen Messerattacken gibt es nur die Möglichkeit abzuhauen oder sich eine mindestens „gleichwertige" Waffe zu besorgen und dies auch nur um den anderen abzuschrecken, es sei denn, Sie sind der absolute

Messercrack und können mit dieser Waffe gut umgehen.

Ansonsten kann ich nur wie beim Stockangriff meinen schwachen Arm als Opfer zu geben und mir damit die Möglichkeit zur Flucht zu verschaffen.

Kaum einer hat in der heutigen Zeit die verheerende Wirkung einer Schnittwunde gesehen.

Die Wirkung eines Stiches ist vergleichbar mit einem starken Faustschlag. Man merkt erst einmal gar nicht, dass man gestochen wurde.

Schuhe an den Händen und Jacken um den Arm gewickelt sind nur Alternativen, um schweren Verletzungen zu entgehen aber nicht um einen Kampf gegen einen Messerstecher zu führen.

Schnittwunden sind verheerende Verletzungen, vergessen Sie das nie.

Ich haben während meines Asienaufenthaltes gesehen, wie es ist, wenn zwei Kontrahenten auf offener Strasse mit Waffen / Messern aufeinander losgelassen werden. Es ist unmöglich an den Waffenarm des Messerstechers zu kommen wenn dieser es nicht will.

Noch heute stellen sich mir die Nackenhaare auf, wenn ich an die Auseinandersetzung dieser beiden Männer denke.

„die Schusswaffe“

Bei einer Abwehr dazu, fällt mir nur das Wort Schwachsinn ein. Unbewaffnet gegen eine Schusswaffe!!!!

Aus welchem Grund sollte jemand so dämlich sein, wenn er eine Schusswaffe hat, auf Armreichweite an sein Opfer ranzukommen. Eine Schusswaffe, egal welche, ist eine Distanzwaffe. Es funktioniert nur in Matrix, einer Kugel auszuweichen. Nur ein absoluter Trottel würde das Risiko einer Entwaffnung eingehen, indem er auf Armlänge an sein Opfer herantritt um es zu bedrohen.

Jede Kugel oder jeder Pfeil ist auf alle Fälle schneller als meine beste Reaktion.

Wozu dann blödsinnige Abwehrtechniken trainieren und damit unnötig Zeit vergeuden?

Wer möchte schon das Risiko einer Schussverletzung eingehen?

Ganz zum Schluss:

Niemand auf der Welt gibt seine Waffe freiwillig aus der Hand. Also glauben Sie nicht, dass Sie jemanden so leicht entwaffnen können wie im Kino oder im Training!!!

Es ist wichtig zu wissen, dass das *Ving Tsun* Kung Fu im unbewaffneten Kampf keine speziell dafür ausgegebene Abwehrtechniken gegen Stöcke, Messer oder Pistolen beinhaltet (außer in unserer Stock u. Messerform), wie etwa im *Jiu Jitsu*, *Ju Jutsu* oder anderen Neumodernen SV-Systemen. *Ving Tsun* ist eine Fechtkunst mit Fäusten und Füssen.

Trotzdem gibt es Techniken, die dazu verwandt werden können, sich auch gegen die verschiedensten

Waffen verteidigen zu können, wenn es notwendig ist und sich der Gegner in der dafür passenden Distanz befindet und wir einen Tag erwischt haben, der uns mit Glück überhäuft.

Wir laufen heut zu Tage nicht mehr mit unseren *Baat Chum Dao* in der Tasche herum, die wir dann ziehen um uns gegen Schlag und Stich- bzw. Schneidewaffen verteidigen zu können.

Wir machen heute *Ving Tsun*, weil wir im Gegensatz zu Verbrechern und Polizei keine Schusswaffen oder andere Gegenstände zur Verteidigung mit uns führen dürfen.

Unsere Arme und Beine kann uns niemand verbieten.

Die Familienstruktur im (Ving Tsun) Kung Fu

Was ist ein „Sifu“?

Den Grundriss, die Basis, oder das Wesen einer echten Kung Fu (Kampfkunst)-Schule richtig zu beschreiben ist gar nicht so einfach. Die asiatische Kultur und Lehrweise, gerade weil wir Europäer sind, wird vielen befremdend und oft unverständlich vorkommen.

Dem Interessenten bzw. neuen Schüler wird vieles anders, möglicherweise sogar mit seinen bisherigen Lebenseinstellung schwer vereinbar vorkommen.

Eine *Ving Tsun*-Schule will keine Schüler, die wenig Interesse zeigen, keine Neugier mitbringen, oder keine Eigeninitiative zum Unterricht mitbringen. Dies sind nämlich Grundvoraussetzungen wenn man eine Kampfkunst erlernen will.

Ebenso gehört Respekt dem Meister/Sifu und den anderen älteren Schülern gegenüber zur wichtigen Grundeinstellung, wenn sich der Neuling anmeldet.

Eine *Ving Tsun*-Kung Fu Kampfkunstschule ist kein Saunaclub, Sportverein oder ein gleichberechtigter Diskutierkreis. Der Schüler erhält nicht Unterricht, weil er einen Beitrag bezahlt, sondern weil der Meister/ Lehrer ihn in seine Kung Fu-Familie aufgenommen hat. Eine *Ving Tsun*-Kung Fu-Schule ist aus unserer Sicht eher ein Patriarchat, wo an der Spitze das älteste (Kung

Fu erfahrenste) Mitglied, praktisch das Familienoberhaupt, der „Sifu“ steht.

Seine Schüler (Todai) verstehen sich als seine Söhne und Töchter. Aus diesem Grund auch die Anrede „Sifu“! Die Bezeichnung „Sifu“ bedeutet in etwa so viel wie „väterlicher Lehrer“ , „Kung Fu-Vater“ oder aber auch Meister, dessen Techniken und Können gut genug sind, um andere zu unterrichten und zu unterweisen.

Wenn Chinesen jemanden als „Sifu“ ansprechen, dann aus Respekt und dem daraus resultierenden Vertrauen.

Obwohl dieser Begriff nicht ausschließlich auf die chinesischen Kampfkünste benutzt wird, wird er von Chinesen meistens in diesem Zusammenhang verwendet.

Bei den persönlichen Schülern Sifu Stauner's beschränkt sich seine Ausbildung nicht nur auf den *Ving Tsun*-technischen Bereich. Sifu Stauner steht den Schülern bei Problemen mit Rat und Tat zur Seite und stundet oder erlässt auch mal den Beitrag. So verarztet Sifu dann auch mal kleinere Trainingsverletzungen wenn nötig.

So ist „Sifu“ kein Begriff, der nur innerhalb der *Ving Tsun*-Ausbildungsstätte Bedeutung hat. Sifu Stauner nennt seinen Lehrer auch außerhalb des Unterrichts immer noch „Sifu“! So hat auch GM *Gary Lam* seinem Schüler Sifu Stauner bei einer langwierigen Schulterverletzung die Beschwerden genommen und somit helfen können, damit dieser am Unterricht weiter teilnehmen konnte.

Während alle Schüler von „Sifu“ Geschwister darstellen, wird der/die ältere (*Ving Tsun*-Erfahrenere) Bruder/Schwester eines jeweiligen Studenten als

Sihing/Sije angesehen bzw. angesprochen. So kann auch ein an Jahren Jüngerer ein Sihing sein, wenn seine (*Ving Tsun)* Kung Fu Ausbildung früher begann.

Das Wort des Sihing ist für den Sidai (jüngerer Schüler) maßgebend.

An den/die Sihing/Sije wendet sich der Jüngere (Sidai) zuerst, bevor er Sifu fragt.

Kein Schüler sollte Sifu heranrufen wie einen Kellner oder Bediensteten, wenn er Fragen hat. Wenn kein Sihing helfen kann, soll der Schüler zu Sifu gehen und höflich sein Anliegen äußern.

Wird der Schüler korrigiert, soll er nicht widersprechen, sondern sich bedanken.

In der Regel nimmt ein Sifu lieber einen eher weniger begabten aber treuen und willigen Schüler an, als einen, der zwar sehr talentiert ist, aber ständig durch Besserwisserei oder Undiszipliniertheit auffällt oder dessen Interesse allein darin besteht in die Schule aufgenommen zu werden um möglicherweise damit angeben zu können.

Wer mit der nach unseren (*Ving Tsun)*-Maßstäben falschen europäischen Einstellung Unterricht haben will, ist in einer Kung Fu-Schule am falschen Platz.

Ein Schüler, der ständig unzuverlässig ist, ist für eine (*Ving Tsun*) Kung Fu Schule einfach nicht tragbar und kann deshalb auch nicht unterrichtet werden.

Es gibt so viele Schüler, deren Unterricht in der Regel reine Zeitverschwendung ist, da das richtige Verständnis und das „wirklich Wollen“ fehlt.

Aus all dem Beschriebenen wird für den wirklich interessierten Schüler deutlich, dass eine (*Ving Tsun*) Kung Fu-Schule wesentlich mehr ist als ein Ort, an dem man nur lernt sich effektivst zu verteidigen. Erst recht in der heutigen Zeit, in der es kaum noch richtige Vorbilder gibt und man falsch verstandenen Werten nachjagt, Wasser gepredigt wird, aber Wein getrunken wird.

Die Familienstruktur des *Ving Tsun* ist ein unveränderlicher Bestandteil des Unterrichts. Sie ist untrennbar mit der asiatischen Tradition und Philosophie verbunden.

Man hat durchaus dafür Verständnis in der heutigen Zeit, dass die Leute Schwierigkeiten haben, die Autorität der „Kung Fu-Älteren“ anzuerkennen.

Sollten diese Schwierigkeiten aber unüberbrückbar sein, muss derjenige die Schule verlassen damit ein geregelter Unterricht für die anderen Schüler möglich ist.

Ein Sprichwort besagt: „Ein schlechter Apfel verdirbt auch alle anderen, wenn er nicht rechtzeitig aussortiert wird“ .

Sollte ein Schüler soweit sein, seine eigene (*Ving Tsun*)-Lehre zu unterrichten, erhält er von seinem Lehrer die Erlaubnis eine eigene *(Ving Tsun*-Kung Fu*)* Generation zu gründen und Schüler anzunehmen und zu unterrichten, was ihn nun wiederum zum Sifu macht.

Die Essenz des Ving Tsun

- Wie wichtig ist mir *Ving Tsun*?
- Aus welchem Grund betreibe ich diese außergewöhnliche Kampfkunst eigentlich??
- Trainiere ich , um mich und meine Familie zu schützen?
- Benötige ich *Ving Tsun* als Security oder Polizist aus beruflichen Gründen?
- Habe ich generell Interesse an einer überragenden und überlegenen Kampfkunst
- um evtl. selbst zu unterrichten und es zum Beruf zu machen?
- Oder übe ich nur ein Hobby aus, um mich etwas fit zu halten, oder weil es gerade „in" ist?

Dies sind Fragen die sich stellen, wenn ich die Zielsetzung und Motivation meines Trainings erkennen möchte und ob die ausgewählte Kampfkunst die Essenz besitzt, die ich suche.

In diesem Zusammenhang ist es auch wichtig zu wissen, dass es immer noch ein weitverbreitetes Missverständnis ist, die Haupt-Budo-Arten wie Karate, *Taekwon Do*, Kickboxen usw. als tödliche Formen der Selbstverteidigung darzustellen.

Dies ist ein großer Irrtum, da diese allgemein bekannten Sport- und Wettkampfformen nicht mit dem Hintergedanken der Selbstverteidigung entwickelt wurden (anders im *Ving Tsun* und auch im Escrima).

Tatsächlich werden die angesehenen Vertreter dieser Sportarten die Ziele mehr als Wettkampf und als

Körperertüchtigung titulieren, was aber auf keinen Fall ausschließt, dass man sich damit nicht auch verteidigen kann.

Nehmen Sie eine Steinschleuder und eine Pistole. Mit beiden kann ich mich auf alle Fälle verteidigen. Nur mit der Pistole geht es eben besser und vor allem effektiver und wesentlich schneller. *Ving Tsun* ist für uns nun mal die logischste und kompromissloseste Selbstverteidigung.

Die oben benannten Sportarten wurden von den Gründungsvätern eben nicht für diesen Zweck entwickelt. Diesen Unterschied gilt es zu verstehen. Man muss begreifen, wozu *Ving Tsun* erdacht wurde.

Viele der Sportarten haben sich einige der *Ving Tsun*-Prinzipien und Techniken zu Eigen gemacht und in ihr Selbstverteidigungs-Programm übernommen. Nur reichen ein oder zwei Prinzipien einfach nicht aus ein so komplexes und doch einfaches logisches System wie *Ving Tsun* zum funktionieren zu bringen.

Nun, zu trainieren um sich selbst gesund zu halten und sich im hoffentlich nie eintretenden Ernstfall wirkungsvoll verteidigen zu können ist sicherlich erst mal die Hauptmotivation eines Schülers, wenn er zu uns kommt.

Durch die Natur der Sache ist die „zivile Selbstverteidigung" die wahrscheinlich komplexeste Kampfsituation in die man in unserer Zeit geraten kann, denn sie ist unberechenbar und kann jeden von uns zu jeder Zeit betreffen.

z.B. Nachts am Parkplatz, in Bus oder Bahn (in letzter Zeit immer öfter) in der Kneipe oder ganz überraschend auf der Straße. Man hat keinerlei Informationen über die Anzahl der Angreifer noch welche Waffen diese einzusetzen im Stande sind. Auch den

Grund des Angriffes kennen wir in der Regel oft nicht. Im Grunde hat man wenig oder gar keine Gelegenheit sich auf diese überraschend eintretende Auseinandersetzung vorzubereiten.

Man ist einfach gezwungen aus der Situation heraus zu handeln in die man geraten ist.

Ein militärischer Einsatz mit tödlichem Ausgang für den Angreifer mag sich für die zivile Selbstverteidigung juristisch ebenfalls als unverhältnismäßiger Einsatz erweisen.

Ebenso kann eine perfekt ausgeführte Ringertechnik die schlechteste Lösung sein, wenn man von mehreren Angreifern bedrängt wird. Auch der schnellste und beste *Taekwon Do*-Kick kann ins Wanken geraten, wenn er gegen einen Messerangriff, der eine der schlimmsten Attacken ist, zu bestehen hat.

Das Ziel und die Ethik im *Ving Tsun* heute ist: Nur zu kämpfen , um sich zu schützen und fliehen zu können, um unsere Gesundheit zu bewahren. Nicht aber um das eigene Ego zu bestätigen, einen Wettkampf zu gewinnen oder den Angreifer gar zu töten. Ein hervorragendes Mittel dazu ist der *Ving Tsun level one* von GM *Gary Lam*, der in der Schule von Sifu Stauner angeboten und unterrichtet wird.

Diese Zeilen sollen dem Interessenten zu verstehen geben, die wirkliche Essenz bzw. den Grundgedanken des *Ving Tsun* zu erfassen und für den jeweils nötigen Einsatz zu prüfen.

Und denken Sie dabei nie an einen Wettkampf wenn Sie kämpfen müssen.

Niemand würde versuchen mit einem Jeep ein Formel Eins-Rennen zu gewinnen, noch würde man mit einem Formel Eins-Boliden ein Offroad-Rennen bestreiten wollen.

Seid so intelligente Kampfkünstler, die verstehen, wie man die Techniken des *Ving Tsun* einsetzt, um dann das richtige Ergebnis zu erzielen.

Noch eine Erfahrung zum Schluss:

"Attack is better than protect because protection can not attack."

Soll heißen: wer nur verteidigt wird immer getroffen, denn niemand von uns ist Neo aus Matrix. Wir müssen wissen, wann wir attackieren können und wann wir verteidigen, um nicht in einen Konter zu laufen um schwer getroffen zu werden.

Man trainiert *Ving Tsun* für den Fall, dass man vielleicht einmal im Leben kämpfen muss. Diesen einen Kampf im Leben sollte man aber dann auch hinbekommen, denn für was hab ich sonst so lange trainiert?

Der Sinn einer Kampfkunst ist doch letztendlich kämpfen zu können.

Die Prinzipien im Ving Tsun

In vielen anderen Kampfkünsten werden, im Gegensatz zum *Ving Tsun*, vorgegebene Techniken auf bestimmte Angriffe einstudiert.

Im *Ving Tsun* ist man darauf aus, bestimmte Prinzipien einzuhalten wie „Gleichzeitigkeit von Abwehr und Angriff", „Zentrallinienprinzip", „optimaler Ellbogeneinsatz", „weicht der Gegner zurück, folge ihm" usw.

Eine Besonderheit im *Ving Tsun* ist das „Denken in Prinzipien" und nicht „in Techniken". Man könnte die Prinzipien auch als Zielrichtung oder als Weisung bezeichnen.

Die Prinzipien sind absichtlich in Befehlsform gehalten, so dass ganz klar angezeigt ist, was zu tun ist.

Ein ganz entscheidender Vorteil ist die Allgemeingültigkeit bzw. die Übertragbarkeit der Prinzipien auch ins Alltagsleben.

Werden die Prinzipien vom Studenten beachtet, so verhält er sich auch in absolut unbekannten Situationen immer richtig, bzw. macht in der Regel keinen gravierenden Fehler.

Die hier aufgeführten Prinzipien stellen Ihnen eine kleine und beispielhafte Auswahl dar.

„das Wu Wei-Prinzip“

Eines der wichtigsten oder vielleicht sogar das wichtigste Prinzip ist das „Wu Wei-Prinzip“.

„Wu Wei“ kann man in etwa übersetzen mit: „Handeln ohne vorher zu planen“. Den Dingen, die da kommen, praktisch freien Lauf lassen. Ein Begriff, der aus dem Zen Buddhismus kommt.

„Nichtdenken – Nichthandeln – Nichteingreifen“

In der Anwendung heißt das dann, dass man sich bei einer Auseinandersetzung keinen festgelegten Handlungsablauf vornimmt. Besser zu verstehen als absichtsloses Handeln.

Man reagiert der Situation entsprechend. Ich würde sagen, man „improvisiert“.

Die Techniken und Prinzipien im *Ving Tsun* sind in ihrer theoretischen Gesamtstruktur zu 100% fehlerfrei. Nur unser Trainingsaufwand bzw. wie intensiv wir üben entscheidet, wie gut wir sind bzw. wie groß der Unterschied zwischen Theorie und Praxis ist.

Es wird nichts geplant, alles entwickelt sich wie von selbst. Meine Techniken bzw. Konter sind das Ergebnis der Angriffe meines Gegners.

„die Kraft richtig einsetzen“

Die Bedeutung dieses *Ving Tsun* Prinzips ist vielfältig. Seine Kraft richtig einzusetzen bedeutet auch, niemals Kraft gegen Kraft zu setzen, aber auch, sich richtig bewegen zu können, seine Hüfte und den Ellbogen richtig einsetzen zu können und richtig zu stehen. Ich verwende immer nur soviel eigene Kraft die ausreicht um meinen Gegner manipulieren zu können. Wenn meine Kraft nicht ausreicht um zu manipulieren, dann muss ich eben wieder winkeln, weichen oder wenden um meine „geringere“ Kraft erneut erfolgversprechend einsetzen zu können.

„ökonomisch handeln“

Sich ökonomisch zu bewegen heißt auch, dass der kürzeste Weg immer eine Gerade ist.

Einem kleinen Kind sagt man schon beim überqueren der Straße, „ schau links, schau rechts, dann geh gerade aus“! Weil man auf geradem Weg schneller und dem zu Folge sicherer ist.

Eine Gerade ist immer schneller im Ziel als ein Schwinger. Was aber nicht heißt, dass es uns verboten ist, runde Angriffe zu führen. Wenn es Erfolg verspricht tun wir auch dies, nur mit dem Hintergedanken, keine unnötige Energie zu verschwenden.

Lasst den Gegner „tanzen“ und „springen“, damit „er“ seine Energie verbraucht.

„Manipulieren der gegnerischen Kraft“

Wieder ein *Ving Tsun*-Prinzip das aussagt, dass man nicht Kraft gegen Kraft stellen soll, sondern die Kraft des Gegners umlenkt oder so manipuliert, dass man sie für sich nutzen kann. Wenn meine Kraft nicht ausreicht, was in den meisten Fällen so ist, muss ich mich bewegen. Entweder zurück oder seitwärts oder manchmal reicht eben eine einfache Wendung oder ein Winkeln schon aus um in eine vorteilhafte Position zurückzukehren.

„Gleichzeitigkeits-Prinzip“

Die Bedeutung dieses Prinzips ist, dass es nicht sehr nützlich und effektiv ist, nur eine Technik zu verwenden (nur Abwehr oder nur Angriff). Ein Gegner lässt sich nur mit viel Glück mit einer einzelnen „Glückstechnik“ ausschalten. Stellen Sie sich vor, welche Nehmerqualitäten ein Adrenalinmonster in sich birgt und Sie werden verstehen, was ich damit ausdrücken möchte. Im *Ving Tsun* bin ich darauf aus, mehrere Dinge (zweifache bzw. dreifache Gleichzeitigkeit) in einem zu tun.

In der Praxis heißt das, dass unser Konter schon im Ziel ist, während der Gegner noch gar nicht damit rechnet, nämlich sofort (Abwehr und Angriff in einem).

Mit meiner Abwehr kommt gleichzeitig mein Gegenangriff.

„das Prinzip der Zentrallinie“

Dies ist eines der wichtigsten Prinzipien im *Ving Tsun*. Die Zentrallinie ist eine imaginäre senkrechte Linie durch den Körper.

In diesem Prinzip richtet sich jeder Angriff bzw. Druck des *Ving Tsun*-Kämpfers gegen die Zentrallinie des Gegners. Das beste Mittel dies zu trainieren ist das *control center line* des *level two* unseres *Ving Tsun* Systems.

Dies bedeutet, dass es am effektivsten ist, die Zentrallinie des Gegners zu attackieren um ihn ständig sein Gleichgewicht suchen zu lassen.

Wir wollen auf keinen Fall ständig zentral auf den Gegner losstürmen, sondern seine „Zentrallinie“ attackieren, was etwas ganz anderes darstellt. Dies geschieht in der Regel, wenn wir uns aus seiner Angriffslinie gewinkelt haben und dann aus unserer günstigen Position heraus den Konter führen. Selbstverständlich kann es natürlich auch frontal sein, aber eben nur, wenn der Gegner einen entsprechenden Fehler beging und wir zu ihm mit unseren Armen / Beinen oder Körper durchkommen. Bei einem Angriff auf die Zentrallinie wirkt unsere volle Kraft auf seinen gesamten Körper und lässt dem Gegner wenig Möglichkeiten sich zu wenden oder abzuwenden. Er muss meistens die volle Wucht unseres Angriffes aufnehmen, je nachdem wie gut sich unser Gefühl bereits entwickelt hat seine Zentrallinie auch zu finden, was in einem richtigen Kampf oder auch im Sparring gar nicht so einfach ist, wie es sich anhört.

Auch wir wollen ständig auf unseren Gegner ausgerichtet sein, was den Vorteil hat, dass wir beide Körperseiten effektiver einsetzen können und dadurch auch wesentlich stabiler im Stand sind als unser Gegenüber, somit dann auch wesentlich geschützter sind.

Zudem liegen auf dieser Zentrallinie die meisten der hochempfindlichsten Vital - Punkte des Menschen die nicht durch Muskeln geschützt sind wie Nase, Kinn, Kehle, Solarplexus oder der Unterleib.

Achten Sie darauf, dass ihr Nabel immer auf den Gegner ausgerichtet ist, dann hat der Angreifer immer ein Problem. Sobald dies nicht der Fall ist, wird Ihr Gegenüber sofort stark werden und Sie unter Druck setzen können, was dazu führt, dass Sie selbst kein gutes Gleichgewicht mehr haben Ihre Power am Gegner vorbeigeht und Sie dran sind, den Kampf zu verlieren.

„der Kreislauf der Prinzipien, den alle *Ving Tsun* - Stile inne haben“

a) wenn der Weg frei ist, egal mit Hand, Fuß oder Körper, stößt man zu (siehe unten).

b) wenn man auf Widerstand trifft, vor allem mit Armen und Beinen, bleibt man daran „kleben“.

c) sollte der Angriff zu stark für uns sein, muss ich nachgeben (weichen, wenden oder winkeln).

d) wenn mein Gegner nachgibt, bzw. sich zurückzieht, folge ich ihm bzw. stoße nach.

Dieser Kreislauf endet hier und beginnt zugleich auch wieder neu, denn wenn sich unser Gegner zurückzieht, ist logischerweise für uns wieder der Weg frei.

„wenn der Weg frei ist, stoße zum Ziel“

Dies bedeutet für uns, dass, wenn sich uns die Möglichkeit bietet einen erfolgversprechenden Angriff durchzuführen, wir dies auch unbedingt, unverzüglich und mit aller Konsequenz tun sollten.

Wenn ich im Kampf zum Beispiel den Kopf des Gegners angreifen kann, sollte ich nicht versuchen, seine Arme zu fangen und zu kontrollieren, sondern eben sofort dieses Ziel attackieren.

Das Jagen der gegnerischen Hände hat keinen erkennbaren Sinn. Es macht nur Lücken für den Gegner auf, in die er seinerseits wieder stoßen oder schlagen kann.

Dadurch, dass im *Ving Tsun* alle relevanten Kampfprinzipien innewohnen, (auch die, die nicht aufgeführt sind) kann man auch keins mehr hinzufügen.

Was unterscheidet „GaryLam-UlrichStaunerVing Tsun“ von anderen Wing Chun - Stilen?

(wir haben die amerikanische Schreibweise *Wing Chun* für andere Stile verwandt)

von U.Stauner u. C.Gregor

Nachdem wir nahezu alle auf dem Markt existierenden *Wing Chun*-Bücher gelesen haben, können wir folgendes feststellen.

a) die Techniken in den Formen sind bis auf Ablauf Kleinigkeiten und Dynamik überall gleich.

b) auch ein Großteil der Anwendungen wie *Tan Dar*, *Pak Dar*, *Gaan Dar*, *Biu Sao, Wu Sao* etc.

c) Ebenso verhält es sich mit den Schrittfolgen.

Wo sind also dann die Unterschiede ? Warum funktioniert ein System „besser“ als ein anderes? Dieses herauszufinden ist nicht ganz einfach, weil natürlich jeder Verfasser seines Buches davon ausgeht, dass sein System ausgezeichnet funktioniert.

Insbesonders weist jeder der Protagonisten darauf hin, das sein *Wing Chun* auf Prinzipien basiert.

Einziges Problem dabei ist: Es gibt kaum Bücher, in denen die Prinzipien ausreichend erläutert oder überhaupt erwähnt werden.

Gemeinsam ist allen Stilen/Systemen, dass die Zentrallinie attackiert wird.

Was wiederum kaum noch erwähnt wird, ist die Druckrichtung der einzelnen oben unter b) erwähnten Techniken.

Schaut man sich dann die Ausführung der Techniken der einzelnen Stile genauer an, etwa auf DVD oder Fotos, erkennt man mitunter folgende Differenzen.

1) Es gibt Meister, die offensichtlich von der Anwendung ihrer Techniken keine Ahnung haben. Da muss der Angreifer exakt eine Bewegung langsam ausführen und dann wird mehr schlecht als recht daran rumgebastelt. Da sieht man, außer dass der Meister sein System nicht beherrscht, nichts.

2) Weiter gibt es Stile, in denen von vorn herein der angreifenden Wucht durch Ausweichen nach außen oder innen mit *Taan Dar* etc. begegnet wird. Diese Systeme machen es erforderlich, dass ohne vorherige Kontaktaufnahme die Beinarbeit dafür sorgt, dass man in der richtigen Position für einen Konter ist. Kontrolltechniken sind hier nicht klar dargestellt, wobei aber wiederum Fußfeger – Würfe vorhanden sind.

Der Gegner wird hier aus der weiteren Distanz bekämpft, hauptsächlich durch Schlagen. Es ist nicht klar ersichtlich, welchen Umfang die Kampfprinzipien haben. Hier wurde zwar offenbar die Idee von Yin & Yang irgendwie eingearbeitet aber wie sie umgesetzt wird, bleibt verborgen. Winkelarbeit ist auf den 45°-Winkel beschränkt.

3) Dann gibt es Stile, in denen Kontakt aufgenommen wird und nach Ableiten der gegnerischen Kraft mit Kettenfauststößen jeglicher weiterer Angriff unterbunden werden soll. Bei diesen Stilen wird nicht klar, ob der Gegner jemals unter Kontrolle gebracht werden kann, da nur geschlagen wird. Was aber passiert mit dem Gegner, der die Kettenfauststöße erst gar nicht zulässt oder sie sofort unwirksam macht??? Dafür gab es hier keine Antworten. Häufig fällt auch auf, dass hier der Abstand zum Gegner zu groß erscheint. Die Konter können nicht treffen. Auch im *Chi Sao* ist der Abstand sehr weit, so dass die Hebelverhältnisse für einen wuchtig geführten Angriff ungünstig erscheinen. Die Lehrfilme erscheinen bedeutungsschwanger aber trotzdem inhaltsleer, was die Interaktion mit dem Gegner angeht. Prinzipien sind wahrscheinlich erst ab Meisterstadium erkennbar.

4) Wiederum gibt es Stile/Systeme, bei denen durch die Körperstruktur im Kampf die Techniken gesteuert sind und somit der Angreifer sofort in Bedrängnis kommt. Allerdings ist nicht immer klar ersichtlich, ob der Gegner wirklich kontrolliert werden kann, weil für diesen Zweck keine Techniken angeboten werden. Hier werden aber die verschiedenen Aspekte der Körperstruktur deutlich gemacht und der Abstand zum Gegner ist so, dass Treffer durchaus Wirkung zeigen und der Gegner manipuliert werden könnte. Prinzipien der Stabilität scheinen Anwendung zu finden.

5) In einem weiteren Stil ist der Abstand so, dass Treffer absolut Wirkung zeigen, Kontrolltechniken aber nicht sehr ausgeprägt sind. Das Ausweichen wird hier

minimiert und die Prinzipien sind nicht deutlich sichtbar.

6) Gary Lam - Ulrich Stauner *Ving Tsun*: Hier wird ganz deutlich mit Körperstruktur und Prinzipien gekämpft. Der Abstand zum Gegner ist immer so, dass Treffer Wirkung zeigen, der Gegner manipuliert werden kann und dass immer die Position des Gegners eingenommen werden kann. Entgegenkommenden Kräften wird seltenst ausgewichen sondern durch das Crossing Hand System umgeleitet und der Gegner durch Winkelarbeit in eine für ihn ungünstige Position gebracht. In diesem System wird versucht, sämtliche Möglichkeiten die es gibt, um aus den verschiedensten Positionen die Oberhand und Kontrolle über den Gegner zu erlangen, zu üben. Dies wird in den *level one* und *level two* erforscht und geübt. Die Prinzipien spiegeln sich in den Möglichkeiten wieder, den Gegner unter Kontrolle zu bekommen.

Diese Erkenntnisse sollen definitiv keine Wertung darstellen sondern lediglich eine Gegenüberstellung verschiedener *Wing Chun*-Stilrichtungen, die wir selbst praktiziert und kennen gelernt haben.

Möglicherweise handelt es sich auch schlicht und ergreifend lediglich um Mängel bei der Dokumentation des Systems.

Fazit:
Je mehr der erwähnten Prinzipien und Konzepte in einem Stil vereint werden, umso besser sollte er anwendbar sein.

Wichtige Leitsätze

Für die, die es noch nicht wissen, und zur Erinnerung an die, die sowieso schon immer alles wussten.

Es gibt im *Ving Tsun*-Kung Fu bestimmte Leitsätze, die auf alle *Ving Tsun* – Stilrichtungen zutreffen und gültig sind. Möglicherweise sind nicht alle aufgeführt, was aber unrelevant ist. Können diese Hinweise doch den Unterricht nicht ersetzen, sollen aber dem Schüler als kleine Stütze / Eselsbrücke dienen.

*

Niemals den Ellbogen hoch. Das soll heißen, dass man bei der Abwehr niemals den Ellbogen hebt. Lediglich bei einer eigenen Attacke kann man dies machen.

*

Der *Bong Sao* wird niemals als erste Aktion verwendet.

Der *Bong Sao* ist eine helfende Hand.

Der *Bong Sao* bleibt nie stehen.

*

Der *Bong Sao* ist nicht dazu da, Fauststöße zum Kopf abzuwehren. Der *Bong Sao* dient lediglich als Unterstützung bei Angriffen zum Körper.

Ein hoher *Bong Sao* (Ellbogen über der Schulter) ist absolut falsch und bei den meisten die Ursache für Schulterschmerzen.

*

Drei wichtige Gesichtspunkte im *Ving Tsun* sind:

a) „das Training“

b) „das Spielen“

c) „das Kämpfen“

_Beim „Training“ wiederholen und üben wir unsere festgelegten Abläufe so oft mit einem Trainingspartner oder alleine bis sie eingeschliffen sind.

_Beim „Spielen“ (Chi Sao) improvisieren wir mit einem Trainingspartner. Wir „spielen“ ! Da ist es egal, ob wir getroffen werden oder nicht. (im Rahmen eines Spieles)

_beim „Kämpfen“ spielen wir nicht mehr.

*

„Wir müssen unterscheiden können zwischen dem Verhalten eines *Ving Tsun*-Kämpfers und dem eines Schlägers oder Vertreter eines anderen Stiles.

Der *Ving Tsun*-Inzest. In den meisten *Ving Tsun*-Schulen wird immer nur *Ving Tsun* gegen *Ving Tsun* trainiert. Das ist die schlechteste Art, unser geniales System zu üben. Gegen mein eigenes Schwert brauch ich mich nicht wappnen. Wie dieses funktioniert, weiß ich, denn das übe ich ja tagtäglich.

*

Wer am besten mit seinen *Ving Tsun*-Techniken improvisieren kann, hat definitiv das „beste“ *Ving Tsun* - Kung Fu, denn wenn ich nichts mit meinem *Ving Tsun* anzufangen weiß, nützt mir die beste Technik nichts.

*

Wer gut am Gegner „kleben bleiben kann (*Chi Sao*), kann sich gut verteidigen.

Wer sich gut vom Gegner „lösen“ kann, wird ihn gut attackieren (schlagen) können.

*

Das „schlagen“ kommt vom Kopf. Die Power dazu kommt aus dem „Boden“ (siehe „Kraft aus dem Boden holen“ im Stand-Artikel)

*

Die fünf Systeme im *Ving Tsun*-Kung Fu sind:

Crossing hands * pushing * pulling * closing * footwork *

Wer nur eins oder zwei beherrscht, hat kein komplettes *Ving Tsun*-Kung Fu.

Dies hat nichts mit dem Können der Formen zu tun, denn die Formen allein helfen einem nichts. Mit den Formen allein werde ich immer in der Fantasie leben. Denn was nützt mir die Form, wenn ich mir Fantasieanwendungen dazu ausdenken muss ?

*

Verlass Dich nie auf einen einzelnen Schlag oder eine einzelne Technik. Eins ist nie genug. (Kettentechniken)

*

Es gibt nichts „Geheimes“ im *Ving Tsun*-Kung Fu. Mit Ausdauer, Fleiß und Intelligenz kommt man hinter jede der sogenannten “Geheimtechniken“ !

*

Greift mich mein Gegner mit den Händen an, attackiere ich ihn mit meinen Beinen, da sie eine größere Reichweite haben als seine Arme.

Werde ich mit den Beinen angegriffen, benutze ich meine Hände, da sie schneller sind als seine Beine.

*

Haben Sie keine Angst getroffen zu werden, sonst schlägt es mit Sicherheit ein.

*

Man muss immer auf die Zentrallinie des Angreifers attackieren.

„Jagen“ Sie niemals seine Hände/Arme. Verwenden Sie ihre eigenen deshalb nicht unnütz.

*

Machen Sie Ihren Fauststoß stark. Im Nahkampf kann man nicht weit ausholen, deshalb ist es wichtig, auf engstem Raum vernichtend schlagen zu können.

*

Wenn ich nicht weiß, welcher Angriff kommt, verwende ich eine „Linie“ zum Gegner.

Kann ich erkennen, was kommt, kann ich „Punkt“ - genau attackieren.

Will ich meinen Gegner fesseln, hebeln oder schließen, verwende ich eine „Kurve“.

*

Erkennen Sie, wenn die Zeit kommt um zu wechseln, zu wenden oder sich zu verändern. Wenn die Zeit gekommen ist, sich zu verändern, zu wenden oder zu wechseln, sollten Sie dies unverzüglich tun. Denn: „Wer sich nicht bewegt, der steht".

*

„Wer oben ist, gewinnt"

Soll heißen: versuchen Sie immer Ihre Hände/Arme über denen des Gegners zu haben.

Nutzen der Ving Tsun-Formen

Warum muss der Schüler überhaupt die Formen im *Ving Tsun* Kung Fu lernen?
Sie haben doch eigentlich mit realem Kampf nicht das geringste zu tun!
Doch das Erlernen und ständige Üben der Formen hat sehr wohl einen konkreten Sinn.

a) Sie dienen vor allem auch zum Erlernen der Basistechniken, die in allen Formen enthalten sind. Es ist wie beim Autofahren. Wenn ich nicht weiß, wie man startet, kann ich nicht fahren.
b) Der Schüler soll sich mit sich selbst beschäftigen. Damit ist z.B. die *Siu Nim Tao* speziell zu Beginn auch eine Geduldsprobe für den Schüler. Wenn jemand nun kommt und *Ving Tsun* schnell erlernen will um sich zu prügeln, wird er schnell die Lust verlieren, da er sich ja nicht mit Basics aufhalten will, die aber enorm wichtig sind.
c) Beim Üben und studieren der Formen werden komplexe, feinmotorische Bewegungen einstudiert und ausgeführt, die später in den Anwendungen umgesetzt werden müssen.

d) Muskelverkürzungen behindern einen optimalen und flüssigen Bewegungsablauf. Die Formen helfen diese Verkürzungen abzubauen. Das typische Beispiel im *Ving Tsun* ist der Fauststoß. Wenn die Gegenmuskulatur verkürzt ist, kann die volle Schlagkraft nicht entfaltet werden.
e) Im *Ving Tsun* sind ökonomischste Bewegungen das Non plus Ultra.
f) Der Schüler bekommt mit den Formen ein Gefühl für die richtigen Positionen im Kampf, z.B. wie steht mein Arm im Raum, was ist der optimale Winkel, sind die Positionen exakt vor dem Körper,
g) was für Möglichkeiten habe ich usw.
h) Für dies alles wird in den Formen ein Bewusstsein geschaffen.
i) Da wir im Kampf automatisch reagieren müssen, ist es besonders wichtig, dass alle Bewegungen im Unterbewusstsein abgespeichert werden. Das wird auch besonders im *Chi Sao* geübt.

Es ist deshalb auch von großer Bedeutung, dass die Formen stets bewusst und auf keinen Fall lustlos oder nachlässig ausgeführt und geübt werden.

Die Eröffnung

„doppelter Tan – doppelter Gaan – doppelter Tan“

In allen drei waffenlosen Formen ist der Beginn, die „Eröffnung“ gleich .

„Doppelter gekreuzter *Tan Sao* – doppelter gekreuzter *Gaan Sao* – doppelter gekreuzter *Tan Sao*“ und zurückziehen der Fäuste.

Warum?

Wir sind der Überzeugung, dass hier mit besonderer Intensität auf die Mitte (Zentrallinie) hingewiesen werden soll. Man soll immer bestrebt sein, dieses „Ausrichten“ zum Gegner zu praktizieren. Ohne Ausrichtung auf den Gegner kann man nicht effektiv kämpfen.

Jegliche Energie ginge vom Gegner weg anstatt auf ihn zu bzw. durch ihn hindurch.

Jeder *Ving Tsun*-Kämpfer weiß es: Attackiere ich die Zentrallinie des Gegners, hat dieser definitiv ein großes Problem.

Dies zeigt auch, dass diese drei Bewegungen der Eröffnung alle nach vorne gerichtet sind. Es ist keine Bewegung dabei, die nach hinten bzw. zurück oder zur Seite geht, sondern immer den „gedachten“ Vorwärtsdruck ausführt. Für Nicht *Ving Tsun*-Praktizierende sieht es aus, als ob es eine Abwehr ähnlich einem Block darstellt. Dem ist auf gar keinen Fall so.

Wir wollen damit auf keinen Fall Faust- oder Fußangriffe abwehren.

Zudem zeigt es uns, dass auf dieser Mitte die meisten der verwundbarsten Stellen des menschlichen Körpers liegen, die entsprechend ernsthaft zu schützen sind.

Weiterhin soll es uns auf das Dreiecksprinzip (Keilformation) aufmerksam machen, da die meisten der Bewegungen im *Ving Tsun* auf dieses Prinzip zurückzuführen sind.

Schon der Anfangsstand (IRAS) aller drei Formen weist darauf hin, da er sich aus lauter Dreiecken zusammensetzt, die spitz nach vorne zum Gegner ausgerichtet sind.

Auch wenn es wahrscheinlich nicht ausschließlich dazu gedacht ist, lassen sich mit diesen Bewegungen trotzdem exzellente und effektive Handbefreiungen durchführen.

Diese Handbefreiungen im *Ving Tsun* sind meiner Meinung nach ein ganz gewichtiges Detail des *Ving Tsun* Kung Fu bzw. der Formen.

Sie fragen sich warum?
Jeder, der *Chi Sao* macht, hat es schon einmal festgestellt:

Wenn Sie festgehalten werden, können Sie nicht schlagen und *Ving Tsun* Kung Fu ist nun mal ein schlagender Stil, der eben diesen Aspekt „durch schlagen weitere Angriffe zu verhindern“ als Hauptziel hat. Eine Auseinandersetzung auf der Straße ist anders als Training.

Aus eigenen Erfahrungen weiß ich, dass jeder in einer Kampfsituation unterlegene Mensch auf der Welt versuchen wird, sein Gegenüber durch Packen oder

Greifen an den Armen und Händen am Schlagen zu hindern, wenn er selbst nicht in der Lage ist zu schlagen.

Eine natürliche menschliche Reaktion also.

Auch Grappler wie Jiu Jitsukas oder Ringer oder Judokas wollen dies durch Greifen und Packen erreichen, da deren Ausrichtung eben die Immobilisierung des Gegners durch Greifen, Werfen, Hebeln usw. ist, wozu man jemanden eben packen muss.

Wenn wir uns also daraus nicht befreien können, ist ein Schlagen für uns nicht möglich.

Egal ob wir diese Techniken als Einzel– oder Doppeltechnik verwenden.

Sie sind extrem wirksam, selbst gegen wesentlich stärkere Personen.

Zu bemerken ist, dass all diese Befreiungen wieder Druck auf die Zentrallinie ausüben.

Das heißt: Dass alle Bewegungen und Übungen daraus diese Mitte (Zentrallinie) attackieren, die mit der Eröffnung der drei waffenlosen Formen gemeint ist.

Die Eröffnung

Die sechs Ving Tsun-Formen

Siu Nim Tao

Die bekannte erste Form im *Ving Tsun* nennt sich „*Siu Nim Tao*" , was übersetzt soviel bedeutet wie „kleine Idee-Form" .

Diese „kleine Idee-Form" enthält alle wichtigen Grundtechniken wie „*Tan Sao, Pak Sao, Gaan Sao, Bong Sao, Chum Sao* und die berühmten Kettenfauststöße, die der Schüler zum Kämpfen benötigt.

In der *Siu Nim Tao* legen wir deshalb den größten Wert auf die korrekte Ausführung der Grund -und Basistechniken, sowie auf die Einhaltung der Zentrallinie und dass der Schüler lernt, mit Hüfteinsatz zu arbeiten.

In der *Siu Nim Tao* werden alle Bewegungen im Stand (IRAS) ausgeführt. Es bewegen sich praktisch nur die Arme.

Besonders erwähnenswert ist, dass die erste Form in drei „Abschnitte" unterteilt ist, die jeweils bestimmte Trainingsziele haben. Genaueres kann man bei uns im Unterricht dazu erfahren oder sich auf den DVDs zum Thema *Siu Nim Tao* anschauen.

Diese Grundtechniken der *Siu Nim Tao (*tan/ *Pak*/ *Gaan Sao*/ Fauststoß) bilden das Grundgerüst zum realen Kämpfen.

Die *Siu Nim Tao* wird in allen *Ving Tsun*-Stilen so ausführlich behandelt, dass wir hier deshalb unseren Artikel darüber auf das Notwendigste beschränkt haben.

Der eigentliche Sinn einer Kampfkunst ist es doch letztendlich kämpfen zu können.

Mit den Basis - Anwendungen dieser ersten Form im *Ving Tsun* Kung Fu ist dies ohne Zweifel möglich. Die anderen Formen verbessern sie nur noch im Detail.

Hinweis:
Im Anhang finden Sie unsere Unterrichts-DVD

Chum Kiu

Die zweite *Ving Tsun*-Form, genannt „*Chum Kiu*", was übersetzt in etwa „die Arme suchen" heißt, ist schon etwas schwieriger und komplizierter in der Ausführung. Hier lernt der Schüler auch sein Gleichgewicht zu kontrollieren, da diese Form in der Bewegung ausgeführt wird und viele Wendungen beinhaltet. Zudem kommen ein Teil der später noch angesprochenen Fußtritte und Schritttechniken hinzu. Diese zweite Form enthält den größten Teil der Abwehrtechniken des *Ving Tsun*-Systems. Hinzu kommt, dass der Schüler Techniken und Bewegungen erlernt, die er später auch in den *Chi Sao*-Übungen (klebende Hände) benötigt.

Wichtig zu erwähnen ist außerdem, dass der Schüler mit dieser Form lernen soll, seinen Hüfteinsatz zu verbessern und beweglichen Zielen zu folgen in der Lage ist, wozu auch wiederum die Wendungen und Schritte gedacht sind, was auch die Dynamik dieser Form deutlich macht. Wenn ich nicht gut bzw. richtig wenden und gehen kann, verliere ich ständig mein Gleichgewicht.

Es spielt im Grunde keine Rolle, wenn ein Stilist eines anderen *Ving Tsun* Stiles die Form anders ausführt. Wichtig ist der Grundgedanke, der hinter den Formen steht und der bei allen *Ving Tsun*-Stilen gleich ist, nämlich zu wissen, was die Formen beinhalten und was ich damit anfangen kann.

Auch die zweite Form wird wiederum wie die SNT in drei Abschnitte unterteilt, was den gleichen Hintergrund hat.

Ebenso zeigt uns diese Form drei unterschiedliche *Bong Sao*-Anwendungen.

Nämlich **Yi *Bong Sao*** - der gewendete *Bong Sao* bei direkten Angriffen, **Pao *Bong Sao*** – der hebende *Bong Sao* bei der *Lap Sao* Anwendung zum Beispiel, und den **Dai *Bong Sao*** – also den tiefen *Bong Sao* bei *Kwan Sao* Anwendungen etwa.

Wendungen:

Was besonders ist, sind drei verschiedene Wendungen in der *Chum Kiu* Form.

Als erstes eine Wendung, die eher ein kurzes 45° *shiften* auf der Stelle ist und keine richtige Wendung im Sinne eines „Wegwenden" vom Gegner ist.

Zum zweiten eine 90° Wendung beim ersten und zweiten Kick.

Weiterhin eine 180° Wendung unmittelbar nach dem zweiten Kick und beim letzten Kick.

Wobei aber alle „Wendungen" Vorwärtsdrang haben sollten und sich nicht vom Gegner wegwenden sollten, worauf unbedingt zu achten ist.

Was noch als Besonderheit erwähnt sein muss ist, wie wir unsere Wendungen ausführen.

Die Wendung wird auf keinen Fall auf dem vorderen Fußballen oder der Mitte des Fußes ausgeführt sondern auf der Ferse um eine besonders starke Strukturkraft nach vorne zu entwickeln.

Jeder kann es gerne einmal versuchen. Der Stand und die Wendung wird dabei um ein vielfaches stärker und stabiler sein.

Hinweis:
Im Anhang finden Sie unsere Unterrichts-DVD

Biu Tse

In verschiedenen *Ving Tsun*-Stilen wird diese dritte Form, genannt *Biu Tse* , was soviel heißt wie „stoßende Finger“ , als die tödliche bzw. unbezwingbare Form bezeichnet.

Sifu Stauner stimmt dem in seinem *Ving Tsun*-System nur teilweise zu.

Es ist durchaus richtig, dass wir mit dieser Form um unser Überleben kämpfen, nämlich dann, wenn man einen Kampf schon so gut wie verloren glaubt und man in eine scheinbar ausweglose Position gekommen ist.

Mit dieser Form bringen wir uns wieder in eine Ausgangsposition zurück, die uns erlaubt, den Kampf weiterzuführen und zu unseren Gunsten zu entscheiden. Was heißen soll, wir sind in einer denkbar schlechten Kampfposition und gehen mit diesen Techniken der *Biu Tse*-Form zum Gegenangriff über. Hier bringen wir uns wieder in unsere Zentrallinie zurück.

Mit den Techniken der *Biu Tse*-Form lernt der Schüler auch, einen von seiner Seite begonnenen tödlichen Angriff in einen weniger gefährlichen Konter umzuändern.

In der Hauptsache aber werden die Techniken dieser Form benutzt, die verwundbaren bzw. ungeschützten sofort wirksamen Stellen des Gegners anzugreifen.

Wir wollen damit eigentlich verhindern, dass uns der Gegner nochmals angreift.

Das größte Missverständnis ist, dass diese Form als tödliche Form verkauft wird und man im Kampf unbesiegbar wird. Von vielen wurde behauptet, dass diese Form von den *Ving Tsun*-Clansmen geheim gehalten wurde und auf gar keinen Fall an „Nicht-

Clansmen“ weitergegeben werden durfte und auch *Dim Mak*-Techniken enthielte.

Traurigerweise gehen all diese Behauptungen an der Grundaussage der *Biu Tse*-Form vorbei. Der Name der Form wird im kantonesischen als ein Fingerzeig auf den Mond gelesen. Sinngemäß zitiert könnte man wie Bruce Lee sagen, „ schau nicht nur auf den Finger sonst wirst du die Pracht des Himmels übersehen.“ Die „*Biu Tse*“ ist praktisch ein Fingerzeig auf eine Folge von Problemen die im Kampf auftreten können, wenn Dinge nicht so funktionieren wie geplant.

Unsere *Biu Tse*-Form bietet daher einige Lösungen zu diesen Situationen an.

Menschen sind eben nicht perfekt und daher anfällig für Fehler, egal wie gut sie auf eine Situation vorbereitet sind, planen oder trainieren.

Diese Form löst uns aus dem *Ving Tsun* heraus, also aus dem System, welches die *Siu Nim Tao* und die *Chum Kiu* repräsentieren. Was vor allem bedeutet, die wichtige Frage zu stellen: „**Was ist wenn...?**“

Mein Sigung *Wong Shun Leung* gab immer zu verstehen, dass effektives *Ving Tsun* mit einer Blase verglichen werden kann, in der die Prinzipien, Konzepte und Techniken der *Siu Nim Tao* und der *Chum Kiu* bestehen. Bezüglich des enormen Umfangs von Situationen, in die wir gelangen können, sind die Inhalte der Blase in der sich *Siu Nim Tao* und *Chum Kiu* befinden mehr als genug um mit allen „Möglichkeiten“ die auftreten können zurecht zu kommen.

Die *Biu Tse* führt uns aus dieser „Blase“ heraus und gibt uns die Chance, die „Dinge“ aus einer anderen Distanz zu betrachten um zu verstehen, was falsch lief.

Sie zwingt uns, logische Methoden zu suchen um mit Dingen umgehen zu können, für die diese Inhalte der „Blase" nicht ausreichen.

Die *Biu Tse*-Form stattet uns mit möglichen Lösungen aus.

Die Theorien des Kampfes im *Ving Tsun* sind zu 100% perfekt, doch die Leute die es anwenden sind es nicht und machen Fehler oder es werden Regeln gebrochen bzw. müssen manchmal gebrochen werden.

Die *Biu Tse*-Form hält ein Repertoire an „Notfall-Antworten" bereit, die entwickelt wurden um einen Gegner doch noch zu überwältigen, der einen *Ving Tsun*-Kämpfer durch seinen eigenen Fehler in diese prekäre Situation gebracht, verletzt oder überrascht hat oder der sich die Oberhand verschaffen konnte.

Sigung *Wong Shun Leung* verwies auf die Inhalte der Form als eine Kollektion von „Notfall-Techniken" und dass im Gegensatz zu den ersten zwei Formen, die klar strukturiert waren, jede mit drei definierten Sektionen, *Biu Tse* aber eine weniger strukturierte Form ist und dass sie das Potential hat, jederzeit ergänzt zu werden, sollte jemand mit einer Situation konfrontiert werden, die einer spezielleren Lösung bedarf außerhalb des normalen Spektrums von *Ving Tsun*-Konzepten.

Wer also die anderen Formen nicht gelernt hat, für den ist es aussichtslos, diese Form zu lernen und entsprechend nützlich und effektiv anzuwenden.

Zum Schluss noch: Seid dankbar, wenn ihr diese Form im Kampf nie anwenden müsst.

Hinweis:
Im Anhang finden Sie unsere Unterrichts-DVD

Muk Yan Chong

Die Holzpuppenform nennt sich *Muk Yan Chong.*

Der Pfahl mit Armen.

Diese Form dient dem fortgeschrittenen Schüler nicht nur als Trainingspartner sondern hilft ihm, seine Zentrallinie, seine Winkelarbeit und seine Schritttechnik zu verbessern.

Die Schritttechnik an der *Muk Yan Chong* verhelfen dem Trainierenden, immer im richtigen Winkel reinzugehen und somit immer die Zentrallinie attackieren zu können.

Jeder hat es beim Training schon mal bemerkt: Wenn ich nicht im richtigen Winkel angreife, ist der Vorteil eindeutig beim Partner, der mich dann in die dritte Form (*Biu Tse*) zwingt.

Mit den Techniken dieser fortgeschrittensten waffenlosen Form im *Ving Tsun* Kung Fu lernt der Schüler weiterhin, sehr komplexe Fußtritte auszuführen.

Hier lernt der *Ving Tsun*-Schüler, sich vom Gegner zu lösen, denn wenn ich mich nicht lösen kann, ist es nicht möglich, zu attackieren.

Die *Muk Yan Chong*-Form ist die wahrscheinlich ausgeklügelste im *Ving Tsun.*

Hinweis:
Im Anhang finden Sie unsere Unterrichts-DVD

Luk Dim Poon Kwan

Die *Luk Dim Poon Kwan*-Form wird übersetzt mit „6 ½ Punkt Langstocktechnik“ .

Im normalen Alltagsgebrauch ist der Langstock in der heutigen Zeit nicht mehr anwendbar.

Jedoch die besonderen Schritttechniken und die speziellen Übungen mit dem Stock erhöhen durchaus die Anwendbarkeit und die Strukturpower der *Ving Tsun*-Techniken in einem Kampf ohne Regeln. Der tiefe Stand, die speziellen Powerübungen und auch die Schritte im Stocktraining verhelfen dem Anwender zu einer fast unglaublichen Strukturpower.

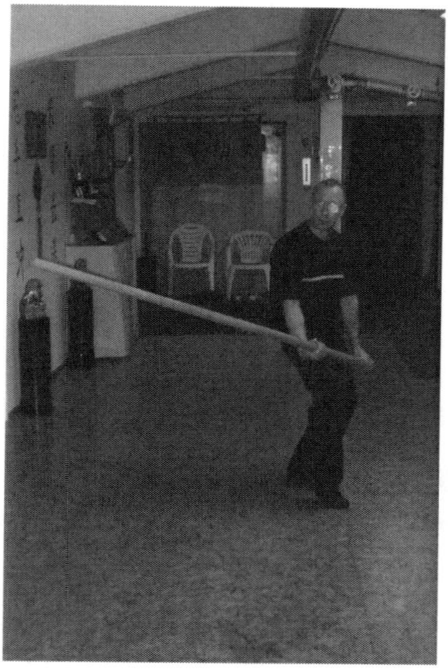

Die Langstocktechniken trainieren die Unterarm- und Handgelenkskräfte des *Ving Tsun*-Schülers in enormen Maßen. Auch die von Master Gary entwickelten Stockübungen mit einem 3m langen Stock verhelfen dem Übenden zu einen extrem starken Fauststoß (Cannonballfist) .

Baat Chum Dao

Wir übersetzen *Baat Chum Dao* mit die „acht Wege der Messer“:

Baat Chum Dao ist auch heute noch das wahrscheinlich meistgehütete und letzte Geheimnis im *Ving Tsun*. Wobei „Geheimnis“ nicht das richtige Wort ist. Es ist einfach ein Trainingsaspekt, der nicht jedem zugänglich gemacht wird.

Die Direktheit der Techniken lassen sich anwenden wie in der Form ausgeübt. Die Schritttechnik dieser Form überbrückt Distanzen zum Gegner in einer fast unglaublichen Geschwindigkeit für denselben.

Wer die *Baat Chum Dao* beherrscht, braucht keinen Angriff mit Hieb- oder Stichwaffen mehr zu fürchten.

Wer die *Baat Chum Dao* erlernt hat, kann sich zu Recht als *Ving Tsun*-Meister bezeichnen. Wir hatten das Vergnügen, Master Gary und seine Meisterschüler beim *Baat Chum Dao*-Training in Los Angeles beobachten zu dürfen. Einfach gigantisch für einen *Ving Tsun*-Verrückten wie mich.

In einem Kampf auf Leben und Tod kann sich der *Ving Tsun*-Kämpfer darauf verlassen, dass nach zwei Bewegungen der Kampf entschieden ist, wenn die Messer erst einmal gezogen sind. Die Effizienz der *Baat Chum Dao* rührt daher, dass sie immer paarweise eingesetzt werden und nicht nur gegen den Langstock, sondern gegen alle möglichen Angriffswaffen Verwendung finden können.

Diese Messerkampf-Kombinationen stellen wahrscheinlich die wirkungsvollste chinesische Messerkampf-Methode dar, die jemals entwickelt wurde.

Die *Baat Chum Dao* wird nur an Meisterschüler bzw. „disciples“ weitergegeben.

Die Anwendung dieser *Ving Tsun*-Waffenform lässt sich geradezu hervorragend auch ins waffenlose *Ving Tsun* einfügen, was sich besonders im *Chi Sao* auch einstudieren lässt.

Allein schon die Schrittarbeit der Form bietet dem Anwender so enorme Vorteile einem Angreifer gegenüber, dass dieser fast wehrlos unseren Kontern ausgeliefert ist.

Zusammenfassung

Jede Form beinhaltet ihre eigenen wichtigen Details, die uns zum kämpfen wichtig und unentbehrlich sind.

Das Üben und studieren der Formen verdeutlicht uns zunehmend, dass alle unsere Formen miteinander in Zusammenhang stehen und die Basis des *Ving Tsun* Kung Fu ausmachen.

Man kann nicht nur eine Form erlernen und dann daraus *Ving Tsun* oder ein Mischmasch daraus machen. Dies funktioniert nur bei *Ving Tsun* Zauberern.

Wir lernen in den Formen auch, überflüssiges wegzulassen, um so ökonomisch als möglich agieren zu können.

Die Formen sind nicht wichtiger als *Chi Sao*, Kampftraining oder etwa Partnertraining.

Jedes Detail im *Ving Tsun* nimmt seinen eigenen gleichen Stellenwert ein.

Doch ohne geht es halt nicht.

Die Formen im *Ving Tsun* sind kein Kampf gegen imaginäre Gegner, sonder eher zu vergleichen mit einem Rucksack, der gefüllt ist mit Techniken, die ich im richtigen Moment heraushole. Sie dienen als „Eselsbrücke" und um nichts vom System zu vergessen.

Was zudem nicht außer Acht gelassen werden sollte ist, dass man die Formen im *Ving Tsun* durchaus auch als gymnastische Übungen betrachten und ausführen kann, um auch im Alter seine Beweglichkeit und Gesundheit zu bewahren.

Wichtig zu erwähnen ist, dass die Formen, wenn sie fehlerhaft ausgeführt werden, sofort korrigiert werden müssen, da die Fehler nicht von alleine verschwinden sondern eine Anhäufung von Problemen im Kampf nach sich ziehen.

Die Formen stellen uns vor Aufgaben, die bis an unser *Ving Tsun* Ende gelöst werden wollen.

Selbst nach dem Erlernen der Form/en hat man genug damit zu tun, sich mit bestimmten Aspekten daraus zu beschäftigen.

Ving Tsun zu erlernen ist ein nie endender Prozess.

Die Formen im *Ving Tsun* enthalten alle Lösungen und „Geheimnisse“ dieses Lernprozesses.

Der genaue Ablauf der *Ving Tsun*-Formen wird wie seit nahezu drei Jahrhunderten von den Meistern weitergegeben und überliefert. Traditionell geringe Unterschiede gibt es nur in den jeweiligen Stilrichtungen.

Zu bemerken ist, dass es vor *Yip Man* und *Wong Shun Leung* keine systematische Lehre der Formen gab.

Formen sind das was sie sind - eben Formen. Wenn sie nun jemand in anderer Reihenfolge macht oder etwas anders ausführt, wo liegt das Problem?

Wenn jemand z. B. einen *Fung Hao Sao/ Fak Sao* im entscheidend notwendigen Moment für etwas anderes braucht als zum Hals zu schlagen und es hat funktioniert, dann war es doch das, für was die Technik da ist. Nämlich uns zu helfen. Es gibt sicher Anwendungen die wir noch nicht gesehen haben. Deshalb ist diese Anwendung aber sicher nicht falsch. Man sollte sie einfach zu den eigenen hinzufügen.

Sifu Stauner demonstriert den Quan-Sao

Der Stand im Ving Tsun

Der Stand im *Ving Tsun* hat schon immer die Gemüter erregt.

Was ist der richtige Stand bzw. wie stehe ich am besten und am sichersten.

Es gibt mehr als nur einen Stand im *Ving Tsun*.

Zum einen den IRAS, (*Siu Nim Tao*-S*tan*d), dann den Kampfs*tan*d, den Vorwärtss*tan*d, den gewendeten S*tan*d usw., wobei aber trotzdem alles, was wir an Ständen verwenden, auf den IRAS zurückzuführen ist. (vom Prinzip wäre es also doch nur ein Stand, da die Struktur die gleiche ist, nur die Anwendung ist eben unterschiedlich und lässt uns denken, dass es mehrere verschiedene Stände wären).

Der IRAS (Internal Rotated Aduction Stance) ist der Übungsstand im *Ving Tsun*. Er wird während der gesamten *Siu Nim Tao* beibehalten. Er dient mit dazu die Triangulationen in den Beinen und die Hüfte zu stärken sowie sein eigenes „sitting“ zu verbessern. In diesem Stand ist der Kopf über den Schultern, die Schultern über der Hüfte, und die Hüfte über den Fersen.

Das heißt, ich bin nicht nach vorne gebeugt und auch nicht rücklastig. Alles was nach vorne über die Knie schaut oder rücklings über die Fersen schaut ist vollkommen falsch.

Man kann kein gutes Gleichgewicht halten, wenn dies der Fall wäre.

Mit diesem Stand, wird der Schüler erlernen, die Kraft aus dem „Boden“ zu holen.

„Man steht immer Schulterbreit und zwar gemessen an den Knien und nicht an den Füssen“.

Den Vorwärtsstand/Rückwärtsstand habe ich eingenommen, nachdem ich einen oder mehrere Schritte auf meinen Gegner zumachen bzw. von ihm weggehen musste. Auch in diesem Fall kann man nicht generell sagen, dass das Hauptgewicht auf dem einen oder anderen Bein liegt. Generell zu sagen, man hat 70% Gewicht auf dem hinteren Bein und 30% auf dem vorderen Bein, ist nicht richtig.

Manchmal benötige ich eben 60% - 40% oder vielleicht 50% - 50%, je nach Kampflage oder Situation. Man sollte jedoch situationsbedingt mit dem vorderen Bein kämpfen können bzw. dieses zu Kicks, Hebeln oder Fegern einzusetzen wissen.

Es sollte aber tunlichst darauf geachtet werden, dass man nicht selbst Opfer eines Fegers oder Kicks wird.

Der gewendete Stand wird generell nicht beibehalten. Er entsteht bei z.B. *Tan Sao*-Wendung, *Gaan Sao*-Wendung, *Kwan Sao* usw. um sich dann sofort wieder auf die Zentrallinie des Gegners auszurichten. Die gewendeten Stände werden in der *Chum Kiu*, *Biu Tse*, Wooden Dummy usw. trainiert. Im gewendeten Stand ist in der Regel ein Bein entlastet um es für einen Kick oder Schritt usw. verwenden zu können.

Alle oben genannten Stände können auch im *Chi Sao*-Training, den klebenden Armen/Händen zum Einsatz kommen, während der Kampfstand, also der freie Stand, im Kampf aus der Distanz zur Geltung kommt. Hier habe ich, sagen wir mal, noch keinen konkreten Stand.

Wenn mein Gegner noch drei Meter von mir entfernt wäre, könnte ich theoretisch auch auf einem Bein einen sogenannten Kranichstand einnehmen, den es in anderen Stilen gibt.

Sobald er sich mir aber nähert, sollte ich wirklich darauf bedacht sein festen Boden unter beide Füße zu bekommen um ein gutes Gleichgewicht zu bekommen, denn auf einem Bein stand in einem Kampf noch niemand sicher. Sobald Sie ein Bein heben, haben Sie 50% Ihrer im Vergleich zum Körper geringen Standfläche aufgegeben.

Der Kampfstand ist eine Stellung, die je nach Kampflage eingenommen wird. Zuallererst, wenn man in der weiten Distanz ohne vorherigen Kontakt steht. Also bevor der eigentliche Kampf beginnt.

Hier gibt es grundsätzlich keine feste Regel mehr. Das wichtigste dabei ist, dass mein Gleichgewicht auf alle Fälle gut sein sollte. Hier zeigt sich, wie gut sie mit der *Siu Nim Tao* verwachsen sind. Mit durchgestreckten Knien werden Sie keinen besonders guten Stand im Kampf haben. Ohne entsprechend gute Balance kann ich keinen Kampf gewinnen. Man wird mehr damit beschäftigt sein, sein Gleichgewicht zu suchen, halten, als sich zu schützen bzw. zu kontern. Wobei auch ein IRAS, ein Vorwärtsstand oder ein gewendeter Stand kurzfristig ein Kampfstand sein kann, wenn dies die Situation erfordert.

Seine Stände und das dazu nötige Gleichgewicht lassen sich auf hervorragende Weise, abgesehen von den Formen, auch im *Chi Sao*-Training und bei „*push und pull*“ aus dem *level one* trainieren bzw.

festigen. Grundsätzlich gibt es keine feste Form eines Standes, denn welcher nötig ist wird verwendet, je nach Situation.

Wie gehe ich in den Stand

Oder: wie stehe ich felsenfest?

Als erstes sollte Ihnen klar sein, dass Sie mit durchgestreckten Knien immer überrannt werden, auch bei geringem Druck ihres Partners, denn dann überschiebt er ihren Schwerpunkt.

Als nächstes müssen Sie wissen, wenn Sie starr sind, werden Sie immer überrannt, auch bei geringem Druck ihres Partners, denn dann schiebt er Sie als Ganzes.

Jeder weiß wie man sich schwer macht, damit man nicht angehoben werden kann. Dieses sich „Schwermachen“ ist die Basis eines guten Standes. Weiterhin üben Sie die Hüfte nach oben zu klappen wie beim Beckenbodentraining. Vermeiden Sie auf alle Fälle, ins Hohlkreuz zu kommen. Daraus können Sie sich nicht mehr befreien. Ebenso klappt es nicht, wenn Sie versuchen wollen, den IRAS (als Dreieckskomponente) aufrecht zu erhalten. Verändern Sie Ihre Fußposition so, dass es Ihnen ein gutes Standgefühl vermittelt

Das heißt, Sie sollten deshalb auch den Rücken „leicht“ gekrümmt halten (quasi ein in sich zusammensinken) um Körperstruktur zu erlangen. Dazu kommt, dass Sie das Ellbogengelenk und das Schultergelenk als Puffer verwenden müssen um starken Druck entsprechend aufnehmen zu können (heißt nicht, sich in den Armen eindrücken zu lassen). Nehmen Sie die Arme des Gegners/Partners mit auf „Ihre“ Höhe (wenn Sie kleiner sind) und belassen Sie diese nicht in seiner. Das heißt, damit nehmen Sie seiner Schubkraft die Energie zum schieben (er würde in dem Moment ja in den Boden drücken bzw. ins Leere laufen). Gleichzeitig sollten Sie in den Knien soweit absinken, dass Ihr Gegenüber das Gefühl bekommt aus dem Gleichgewicht zu geraten. Das stoppt sein „Schiebevorhaben“ abrupt!

Noch eins, je mehr Kraft Sie ihm entgegensetzen wollen (Kraft gegen Kraft), umso leichter wird er Sie überschieben, also über Ihren Schwerpunkt schieben können. Stützen Sie sich am Boden ab (die Kraft aus dem Boden holen). Ihr Gegenüber soll das Gefühl bekommen, er drückt Sie in den Boden. Niemand kann einem Schub wiederstehen, wenn er nur gerade steht, denn dann kommt die ganze Gegenkraft aus den Schultern und dem Oberkörper. Die Rückenmuskulatur, auch wenn sie noch so stark ist, kann dies nicht ausgleichen.

Erst hier, wenn alles oben beschriebene versagt hat, aus welchem Grund auch immer, sollten Sie weichen, entweder nach hinten oder zur Seite, denn dann hat Ihr Gegenüber einfach eine oder mehrere der oben erklärten Komponenten gegen Sie erfolgreich eingesetzt.

Die beste Übung um besonders gutes Gleichgewicht und einen hervorragenden Stand zu erlangen ist das *control centerline* aus unserem *level two*- Programm.

Keiner wird in der Lage sein (selbst der schwerste) euch zu schieben, wenn alle oben beschriebenen Punkte berücksichtigt und entsprechend trainiert werden.

Als "Kraft aus dem Boden holen" verstehen wir die untere Körperstruktur (Hüfte, Knie, Ferse) zu stärken und wie ein Sprinter im Startblock zu verwenden.

Wobei die Aussage "Kraft aus dem Boden holen" nicht ganz richtig ist.

Richtig wäre "Die Kraft aus dem Grund" holen. Um es besser zu erklären möchte ich folgendes Exempel heranziehen.

Chinesen sehen die Welt als Universum dreigeteilt,

天 in der oben der Himmel,

人 in der Mitte der Mensch,

地 und unten am "Grund" sich die Erde befindet.

Ebenso sehen sie den Menschen:

- vom Kopf bis zur Schulter sehen sie den Himmel
- der Rumpf ist die Mitte zwischen Himmel u. Erde.
- ab der Hüfte abwärts bezeichnen sie als Ground / Grund.

Somit wird die Kraft nicht aus dem Boden geholt sondern aus dem Grund. Nämlich unserer Grundstruktur der Hüfte - Knie - Ferse. Es wurde bzw. wird von uns Europäern nur falsch interpretiert.

Denn um Kraft aus dem Boden holen zu können, müsste ja ein Erdbeben uns ständig vom Boden drücken.

Der wahrhaft Weise schämt sich nicht,
auch solche zu fragen, die unter ihm stehen.
chin. Weisheit

Die Zentrallinie im Ving Tsun

Jeder kennt sie, jeder hat davon gehört und jeder weiß was sie ist und doch gibt es soviel verschiedene Erklärungen dazu wie es Organisationen gibt. Jeder weiß etwas anderes doch nichts genaues darüber und kaum einer kann sie nutzen.

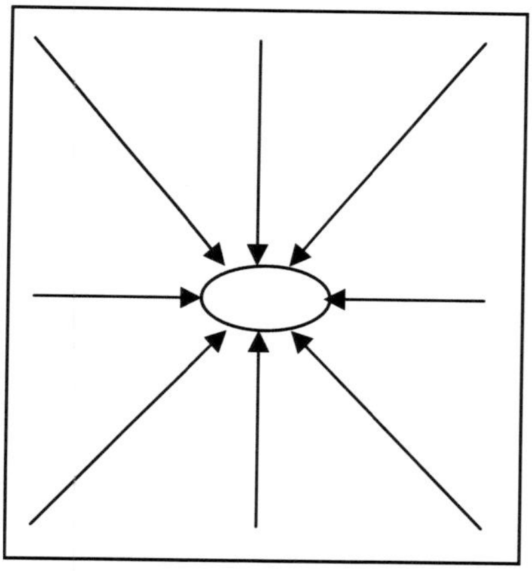

In 27 Jahren konnte mir keiner meiner Lehrer zeigen wie sie funktioniert.
Erst Master *Gary Lam* konnte mir erklären wie das Zentrallinien-Prinzip anzuwenden ist.

Die Zentrallinie ist eine imaginäre Linie, die entlang der Wirbelsäule nach unten zum Boden führt. Es spielt keine Rolle wie mein Gegner oder Trainingspartner zu mir steht, die Zentrallinie ist immer da. Sie kann sich nicht wegbewegen oder sich auflösen.

Egal ob ich vor meinem Gegner stehe oder neben oder hinter ihm.

Jeder genaue Schub auf diese Linie bewirkt, dass der Gegner ziemlich leicht aus dem Gleichgewicht gebracht werden kann, selbst wenn er sich bewegt oder versucht, dem zu entkommen.

Es schaut eigentlich sehr einfach aus und die Erklärung ist auch sehr einfach.

Doch wer es schon einmal versucht hat, wird festgestellt haben, dass es gar nicht so einfach ist die Zentrallinie zu „finden“ , wenn sich euer Trainingspartner bewegt und versucht das „finden“ der Zentrallinie zu verhindern indem er sich dagegen wehrt.

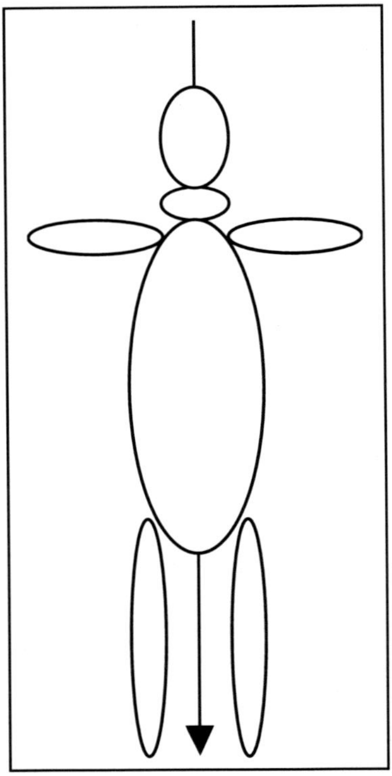

Die besten Zentrallinienprinzip-Anwender sind Sumo-Ringer. Sie versuchen ständig den Gegner aus dem Gleichgewicht zu bringen, während sie selbst gleichzeitig verhindern, dass der Gegner die eigene Zentrallinie attackieren und finden kann.

Die Zentrallinie lässt sich nicht nur durch Schieben auf dieselbe angreifen, sondern auch durch Ziehen im richtigen Moment und mit zu Hilfenahme der Beine und des Körpers.

Egal wie ich zu meinem Gegner stehe, die Zentrallinie ist immer entlang der Wirbelsäule zum Boden. Wenn sich nun aber jemand beugt?

Spielt keine Rolle, dann hat er sich selbst schon aus dem Gleichgewicht gebracht, indem er Übergewicht nach vorne, zur Seite oder nach hinten hat. In diesem Fall gibt es für ihn keine Möglichkeit mehr, unsere Zentrallinie zu attackieren.

Der *Jut-Sao* in der *Chum-Kiu*

Tritte im Ving Tsun

Anders als andere

Die ersten Kicks im *Ving Tsun* lernt der Schüler in der zweiten *Ving Tsun*-Form, der *Chum Kiu* - Form. Diese Form enthält drei verschiedene Kicks.

Der erste Kick als Frontkick mit nach innen gestellten Zehen, in Hüfthöhe und mit einer Trefferfläche der Fußkante (ähnlich der Handkante).

Der zweite Kick ebenfalls als Frontkick mit nach außen gestellten Zehen, in Hüfthöhe und mit einer Trefferfläche der Ferse (ähnlich dem Handballen).

Beim dritten ist nicht genau definiert welche Richtung und welche Beinstellung sowie welche Trefferfläche.

Dieser variiert in den verschiedenen *Ving Tsun*-Stilen die ich erlernt habe.

Manche kicken in einem Halbkreis zur Seite bei einer Trefferfläche der ganzen Sohle. Andere wiederum als Backkick 45 ° nach hinten ähnlich einem Sidekick nach hinten mit einer Trefferfläche der Fußkante, was der längste Kick von der Reichweite her wäre. Wiederum andere treffen mit der Sohle in einem schräg nach hinten führendem Kick.

Bei allen Kicks geht aber die Trefferhöhe nicht weiter als bis zur Hüfte.

Was aber die Schnelligkeit und Effektivität aller *Ving Tsun* Kicks ausmacht ist die Tatsache, dass fast mit gestrecktem Bein gekickt wird und nicht wie in anderen Stilen erst das Knie angezogen wird um es dann zu strecken. Hier kommt in verstärktem Maße der Hüfteinsatz zur Geltung.

Wir wollen ja sofort kicken und nicht erst das Bein bzw. das Knie winkeln, was ja dann zwei Wege wären. Nicht erst das Knie anziehen, zielen und dann strecken, sondern zielen und treffen. Außerdem, wenn ich mein Knie / Bein anziehe, mache ich dem Gegner den Weg frei mich zu treffen bzw. mich aus dem Gleichgewicht zu bringen.

Die nächsten acht bzw. sechzehn (acht links/acht rechts) Kicks lernt der Schüler dann im Kicking Part der Wooden Dummy Form. Diese Kicks sind die ausgeklügeltsten in der Anwendung. Auch hier ist der höchste Kick in Hüfthöhe.

Alle Kicks der Dummy-Form haben als Trefferfläche die Ferse. Als Trefferfläche bezeichnen wir den Punkt, mit dem wir unseren Gegner treffen.

In manch anderen Stilen wird ein Kick (Nahkampftritt) zum Kehlkopf aus dem *Chi Sao* demonstriert. Was unserer Meinung nach unsinnig und gefährlich ist, da man nur fünf Zentimeter zum gegnerischen Raum schließen muss und der Kick verliert zum einen seine komplette Wirkung und zum anderen, der Kickende sein Gleichgewicht, was im *Ving Tsun* ein Unding sein sollte, denn mit dem Gleichgewicht kämpfen wir und ist eine der Stärken des *Ving Tsun*. Wir wollen jedoch nicht ausschließen, dass dieser Kick bei einem Laien durchaus funktionieren kann.

Im Kampf verwendet der *Ving Tsun*-Kämpfer immer zwei Kicks. Zum einen, sollte der erste fehlgehen, durch Abwehr oder Bewegung des Gegners, trifft der zweite. Zum anderen, man verlässt sich niemals auf nur eine Technik wie in den Handtechniken.

Kicken wird ein *Ving Tsun*-Kämpfer sowieso nur dann, wenn keine Gefahr besteht selbst getroffen zu werden oder aus dem Gleichgewicht gebracht zu werden.

Auch hier hat der *Ving Tsun*-Kämpfer ein hervorragendes Trainingsmittel.

Chi Gerk (klebende Beine), die in ihrer Funktionsweise wie *Chi Sao* (klebenden Arme) trainiert werden.

Auch hier variiert die Trainingsweise von Stil zu Stil, wobei aber das Ziel wie im *Chi Sao* bei allen das gleiche ist. Zu erkennen (zu fühlen) was der Gegner vorhat bzw. ihn im Vorfeld schon an einer Aktion zu behindern bzw. ihn zu attackieren.

Attackiert werden mit diesen Kicks die drei unteren Powerpunkte (Hüfte, Knie, und Fußgelenk) sowie das Schienbein bzw. die Wade.

Einer der größten Vorteile im *Ving Tsun*-Kicking ist, dass Kicks immer in Verbindung mit Handtechniken ausgeführt werden.

Ein *Ving Tsun*-Kämpfer arbeitet mit Hand- und Fußtechniken gleichzeitig.

Wobei zu Beintechniken durchaus auch ein Feger, Kniehebel, oder eine Knietechnik zu zählen sind.

Ving Tsun-Kicks sind deshalb so heftig und verursachen so schlimme Verletzungen, da sie, wie bereits erwähnt, vor allem die Powerpunkte attackieren.

Ein weiterer Vorteil der *Ving Tsun*-Kicks ist: Ein Kick ist gleichzeitig auch Schritt und Schutz. Außerdem schränkt es meinen Gegner enorm in seiner Bewegungsfreiheit ein, da wir immer in bzw. durch unseren Gegner gehen/kicken.

Zwei hervorragende Trainingsgeräte um die Kicking-power zu erhöhen ist zum einen der Tripod, drei im Dreieck angebrachte Baumstämme, die im Boden versenkt sind und ca. einen Meter aus dem Boden ragen und zum zweiten ein ausrangierter Autoreifen, den man mit seinen Kicks am Boden schieben kann oder in einer Vorrichtung festmachen kann.

Der *Ving Tsun*-Kämpfer verursacht mit seinen Beinen die gleiche verheerende Wirkung wie beim Inch Punch mit der Faust oder Handfläche durch die spezielle Entwicklung der Strukturpower und ausgeklügelte Trainingsmethode.

Chi Sao

Chi Sao, übersetzt die „klebenden Hände/Arme“, betrachten wir als die Seele des *Ving Tsun.*

Der Anfänger erlernt als erstes das *Dahn Chi*, das einarmige *Chi Sao*. Als erstes im Stand mit *Tan*, *Fook*, *Bong*, Backfist usw. und dann in Anwendung mit Schritten in alle Richtungen, eine Methode die seit Jahren in Sifu Stauner's *Ving Tsun*-Schulen benutzt wird und entsprechend gut funktioniert das „Fühlen lernen“ zu erfahren.

Die Fortschritte, die der Schüler damit erreicht, helfen ihm wesentlich schneller ins zweiarmige *Chi Sao* zu kommen. Ein weiterer extrem großer Vorteil ist, dass der Schüler schon verhältnismäßig früh lernen muss, seine Beine und die Schrittarbeit zu koordinieren.

Im einarmigen *Chi Sao* versuchen wir dem Schüler ein gewisses Gefühl für verschiedene Druckrichtungen und Druckstärken zu vermitteln, ähnlich einem Fühler für die Arme.

Zudem lernt er seine Techniken in der Zentrallinie zu halten, nicht einzuknicken oder sich aus der Zentrallinie drücken zu lassen. Der Schüler lernt hier auf die Druckrichtungen seines Gegenübers einzugehen und diese für sich ohne Kraft auszunützen um wiederum seinen eigenen Angriff oder Konter im geeigneten Winkel durchzubringen.

Keine andere Möglichkeit hat sich bisher so gut bewährt, das „Fühlen“ zu erlernen.

Denn, auch wenn wir mit zwei Armen kämpfen, haben wir oft oder sogar sehr oft Kontakt mit nur einem Arm des Gegners.

Außerdem lernt der Schüler auch, durch das ständige ausweichen und erfühlen der gegnerischen Attacke, nicht in einen Angriff „reinzulaufen" bei dem er dann unweigerlich getroffen werden würde.

Als Vorstufe zum zweiarmigen *Chi Sao* lernt der Schüler *Poon Sao* , das rollen der Arme.

Anschließend lernt er mit beiden Armen unabhängig voneinander zu reagieren.

Wobei es in Sifu Stauner's *Ving Tsun* ein *Poon Sao* für den Anfänger des *Chi Sao* gibt und ein weiteres für den Fortgeschrittenen, das sich erheblich von einander unterscheidet.

Besonders wichtig dabei ist, nicht die Arme des Partners zu „jagen" bzw. zu fangen sondern den Druck auf die Zentrallinie aufrechtzuerhalten. Mein Lehrer sagte immer:

„ Never chasing hands. Chasing centerline" .

Chi Sao selbst ist kein Kampf oder Sparring. Es ist rein als Übung gedacht um sein Gefühl in den Armen zu entwickeln und nicht um seinem Trainingspartner zu beweisen, wie hart man ihn treffen kann.

Der Schüler soll lernen, im *Chi Sao* seine „Reaktionen" mit den erlernten Basis - Techniken um ein Vielfaches zu verbessern und zum Teil schon zu agieren, wenn der Partner noch im Ansatz ist und ihm damit zuvor zu kommen.

Man versucht mit einer „Re-aktion" der „Aktion" des Gegners durch unser *Chi Sao*, durch unser „Fühlen", fast schon vor zu greifen.

Später dann im freien *Chi Sao* (*Go Sao*) hat der Schüler auch die Gelegenheit, seine erworbenen Fähigkeiten relativ praxisnah anzuwenden und kann zudem erproben, wie sein Gegenüber darauf reagiert. Als bestes Mittel hat sich hier der *level one* in Anwendung bewährt.

Hier hat der Schüler dann die Möglichkeit bei entsprechendem Druck seines Partners seine *Chi Sao* Fähigkeiten zu testen.

Dieses Chi Sao macht die schon legendäre

Effektivität und Schnelligkeit des Ving Tsun aus.

Biu-Sao aus der 3.Form

Die klebenden Arme

oder

die situationsbedingte Improvisation

Sifu Stauner, Privatschüler von GGM *Gary Lam*, mit 170 cm Größe und ca. 65 kg Gewicht, ähnelt von den Voraussetzungen her eher weniger einem Kämpfer, wie man ihn sich so bei uns vorstellt.

Doch der erste Eindruck täuscht. Absolut durchtrainiert, wundert man sich, wie er ihm Kraft -und größenmäßig überlegene Schüler blitzschnell und ohne besonders große Kraftaufwendung mit *Chi Sao* unter Kontrolle zu bringen versteht.

Wer etwas Ahnung vom *Ving Tsun* hat, weiß welche große Bedeutung dem *Chi Sao* Training in der Ausbildung zukommt. Erst langwieriges *Chi Sao*-Training ermöglicht es einem, die in den Formen gelernten Bewegungen exakt und ohne allzu großen Kraftaufwand spontan anwenden zu können. Sifu Stauner ist diesbezüglich sehr praxisbezogen. Er hält nichts von anmutigen und tänzerischen Bewegungen. Was er immer wieder betont, sind eine gute Schrittarbeit, der Schutz der Zentrallinie und damit die Bedeutung der zentralen Angriffe.

Ein Zitat von Sifu Stauner`s Lehrer Master *Gary Lam* lautet;

„Ving Tsun is never good looking. Ving Tsun is only good using"

Wichtig im *Chi Sao* ist auch:

"Nie Kraft gegen Kraft".

Durch sein *Chi Sao*-Training soll der Schüler lernen, im Ansatz zu erkennen, was der Gegner oder Trainingspartner vorhat und vor allen Dingen rechtzeitig zu erkennen, wann die Attacke überhaupt startet um sie im Vorfeld kraftlos zu unterbinden, was im einarmigen *Dahn Chi* in der Bewegung hervorragend geübt werden kann. Wenn ich als vermeintlich schwächere Person versuche der Kraft meines Gegners meine eigene entgegenzusetzen, werde ich in der Regel fast immer ins Hohlkreuz gedrückt, einer Position, der ich trotz meines großen Rückenmuskels kaum mehr entgehen kann. Sie können es selbst versuchen. Gehen Sie absichtlich ins Holkreuz, lassen ihren Partner die Hand auf die Brust drücken und versuchen sich wieder gerade aufzurichten.

Das Ergebnis wird ernüchternd sein.

Aus diesem Grund ist es wichtig, mit der Hüfte und dem Ellbogen zu „denken", damit ich nicht eingedrückt werde. Diese Stabilität lernt bzw. soll der Schüler in der *Siu Nim Tao* Form lernen, um sie ins *Chi Sao* übertragen zu können.

Eine gute Technik ist der einzige Weg für einen körperlich Schwächeren um der überlegenen Kraft des Gegners begegnen zu können. Also nie der Kraft des Gegners entgegenhalten.

Sobald man auf überlegene Kraft stößt, sollte man ohne Überlegung dazu in der Lage sein, eine der

Kraftrichtung des Gegners entsprechende Technik anzuwenden um die Kraft ins Leere zu leiten und gleichzeitig kontrollieren zu können.

Praktikanten anderer Kampfstile sehen das *Chi Sao*-Training eher skeptisch und reden von Praxisträumerei wenn sie behaupten: „. Wenn man wirklich kämpft steht man sich ja sowieso ohne Kontakt gegenüber. Da hält man einfach Abstand und das Problem wäre gelöst" .

Doch wie will mich jemand attackieren ohne das meine Arme reagieren. *Chi Sao* dient als Vorbereitung sobald Kontakt aufgenommen wurde. Dies muss man in diesem Fall verstehen. Es kämpft ja auch niemand mit den Formen im Stand wie in der *Siu Nim Tao*. Einen Angriff ohne Körperkontakt gibt es nur bei Schusswaffen.

Sobald aber Kontakt aufgenommen wurde, beginnt *Chi Sao* für den Angreifer realistische Auswirkungen zu haben. Der Gegner kann sich schwerlich den „klebenden Armen" entziehen. Dies ist die Fähigkeit, beim ersten Kontakt situationsentsprechend zu reagieren, die durch das *Chi Sao* entsprechend geschult wird. Dies bedeutet, dass im *Ving Tsun* - Kung Fu mit Druck-, Kraft- und Winkelverhältnissen gearbeitet wird.

Das Ziel ist: gelernte Techniken und Bewegungen frei spontan und ohne Kraftanstrengung anwenden zu können. Dann wissen sie auch, was ich mit folgendem Satz ausdrücken will:

Bestes Ving Tsun ist, bestens mit seinen Techniken

„improvisieren" zu können.

Wichtig ist außerdem:

„Nur miteinander stellt sich Lernerfolg ein."

Die Handpositionen im Chi Sao

Worauf beim Chi Sao-Training besonders zu achten ist, sind die korrekten Handpositionen und Richtungen in die Hände / Arme zu zeigen bzw. Druck auszuüben haben.

Alle drei Handtechniken gehen vom Körper ausgehend nach vorne und nicht zu irgendeiner Seite oder nach unten oder oben.

Zum ersten der Tan Sao:

Dieser, wenn er vom *Fook Sao* kontrolliert wird, muss unbedingt parallel zur gegenüberliegenden Schulter zeigen und auf keinen Fall in die Zentrallinie, da man sonst sofort getroffen wird.

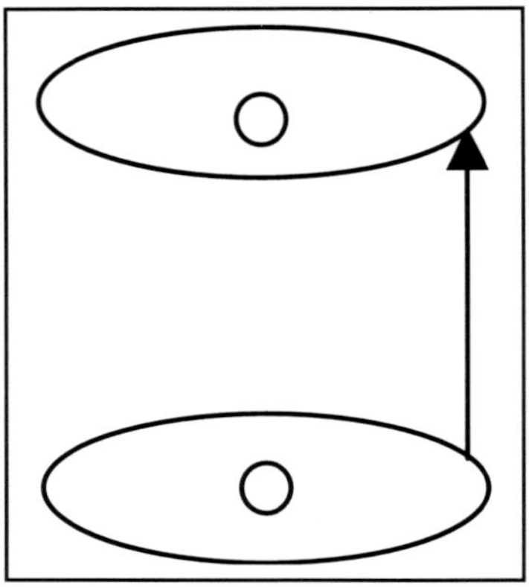

Der *Tan Sao* wird als attackierende Hand verwendet.

Wenn sie es nicht schaffen, ihren Ellbogen zu stabilisieren bzw. zu stärken, wird ihr *Tan Sao* ständig eingedrückt werden.

Zum zweiten der Fook Sao.

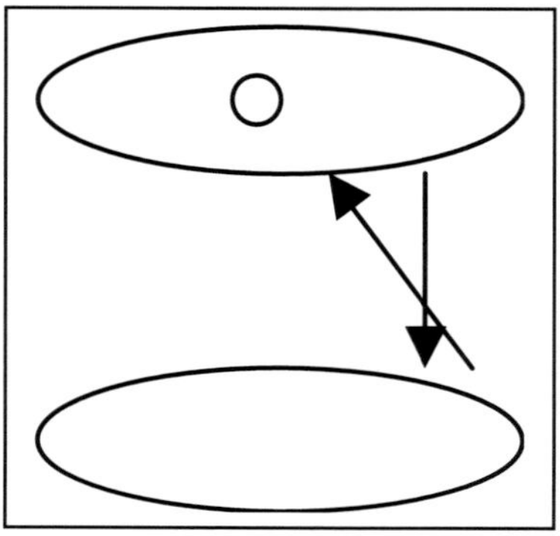

Die Kontrolle des *Fook Sao* über dem *Tan Sao* hat zur Zentrallinie zu gehen. Nie nach unten drücken oder zur Schulter wie beim *Tan Sao*. Der *Fook Sao* selbst ist nur eine kontrollierende Hand.

Die Kraft kommt hier aus dem Ellbogen wie beim *Chum Sao* und nicht aus der Hand.

Zum dritten der Bong Sao

Der *Bong Sao* hat diagonal auf die gegnerische Schulter zu zeigen, damit Schulter, Ellbogen und Handgelenk die richtige Kraftlinie bilden. Dies soll nicht heißen, wenn ein Trainingspartner wesentlich kleiner ist, das die Hand direkt zur Schulter zeigt sondern die Richtung ist Ausschlag geben. Auch hier ist das Ziel nicht die Zentrallinie, da der *Bong Sao* definitiv zu schwach wird und man ständig Schulterschmerzen hat. Am stabilsten ist der *Bong Sao* in der

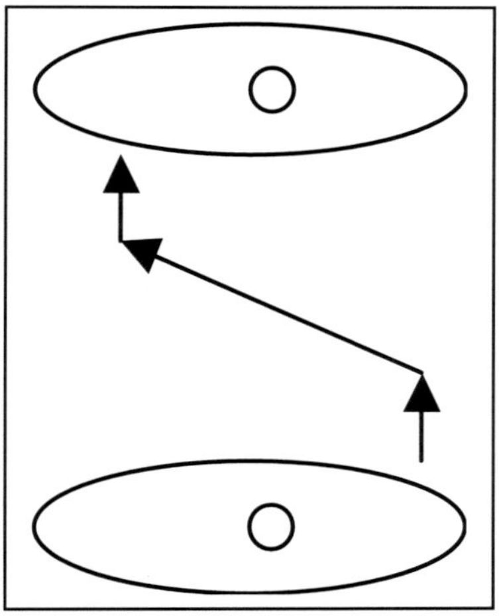

Vorwärtsbewegung und nicht wenn der Arm des Partners gehoben wird.

Der *Bong Sao* ist eine **helfende** Hand.

Wer oben ist gewinnt!

Was heißen soll: Versuchen Sie ihre Arme / Hände im *Chi Sao*-Training oder im Kampf über denen des Gegners/Trainingspartners zu platzieren und Sie werden erkennen, dass Sie sich damit den besten Vorteil verschaffen um agieren zu können, ohne dass der andere konkret etwas dagegen tun kann.

Auch Ringkämpfer wollen immer oben auf sein. Niemand gewinnt einen Kampf, wenn er auf dem Rücken liegt und der Gegner ist oben auf. Auch nicht, wenn mich der Gegner im Armhebel hat, denn dann beiß ich ihn. Wir reden nicht von einem sportlichen Wettkampf. Also, man versucht ständig über dem Arm des anderen zu sein um seinen Vorteil damit zu nutzen, schlagen oder zu greifen zu können.

Noch eine Sache ist besonders wichtig.

Eine Hand ist der Partner der anderen. Es ist immer ein/e Arm/Hand stark, während die andere weich ist. Es kann jeder selbst ausprobieren, wenn beide stark sind, kann man schwerlich reagieren und wenn beide weich sind, kann man unmöglich kämpfen.

Eine Hand hilft der anderen. (siehe *Yin & Yang*-Artikel)

Chi Sao-Training simuliert in bester Weise die Kontaktaufnahme zu den gegnerischen Armen im Kampf.

Noch eins: *Chi Sao* im Kampf dauert nicht lange. Kein Umleiten oder Aufnehmen eines Armes dauert länger als einen Sekundenbruchteil. Oft ist es nur ein Berühren und man weiß die Richtung oder die Intensität bzw. sollte sie wissen. Nur im Training üben wir stundenlang bzw. jahrelang.

Also, *Chi Sao* selbst aber wird eigentlich nur dann benötigt, wenn der Gegner seine Arme zur Verteidigung so gut positioniert hat, dass es uns selbst erst mal nicht möglich ist, mit den eigenen Armen/Händen zum Ziel, also Kopf oder Körper des Gegners durchzukommen um ihn zu treffen.

Erst dann entsteht eigentlich der Kontakt, den wir mit dem *Chi Sao*-Training üben und haben wollen und das von einem *Ving Tsun*-Kämpfer solange geübt wird, um diesen entsprechenden *Chi Sao*-Vorteil ausnutzen zu können.

Der Kontakt für *Chi Sao* am Gegner entsteht also nur, weil wir schlagen und abgewehrt werden, bevor wir unser Ziel treffen. Daraus entsteht dann die jeweils benötigte Technik aus dem *Chi Sao* heraus um doch noch das Ziel, also den Treffer, anbringen zu können.

Wenn wir schlagen und den Gegner sofort ohne Armkontakt treffen, dann brauchen wir dem zu Folge auch kein *Chi Sao*.

Also bitte merken:

Chi Sao ist ein wichtiger Aspekt des Ving Tsun-

Trainings.

Aber eben nur einer.

Chi Sao entwickelt zwar einen ziemlich guten „Schutzschirm“ für den eigenen Oberkörper, aber jeder Schutzschirm kann einmal versagen . Darum übt auch Sparring gegen Trainingspartner die sich widersetzen und vom *Chi Sao* noch nicht so viel Ahnung haben.

Verlasst euch nicht auf nur einen Aspekt des *Ving Tsun*.

Winkeln unter Druck des Gegners

Wenn ich nicht vom Fleck komme.

Eines der größten Probleme meiner oder auch andere Schüler ist, aus der Druckrichtung des Gegners bzw. Trainingspartners zu kommen, wenn er nicht kooperiert, was im Sparring oder Kreistraining vorkommt und eben dann auch im realen Kampf.

Unsere Vorstellung der Wendung!

Um aus der Druckrichtung des Gegners zu kommen, wollen wir uns nicht „wegwenden"

Denn, wie das Wort „wegwenden schon aussagt, sind wir dann „weg"! Weg vom Gegner nämlich.

Darum *shiften* wir auf der Stelle. Wir müssen nicht erst aus der weggewendeten Kampfposition wieder an den Gegner heran. Da wir nicht weg sind müssen wir auch nicht wieder auf ihn zukommen. Wir bleiben am Gegner und können ihn schon durch unser *shiften* unter Druck setzen und aus dem Gleichgewicht bringen.

Stellen Sie sich einen Rundkörper vor der sich dreht. An ihm gleitet nun alles ab.

So wenden wir in unserer *Ving Tsun*-Stilrichtung. Dies ist unsere Vorstellung vom „Wenden".

Die Anwendung dieser Wendung!

Wir lernen in der *Chum Kiu* Form eine von drei verschiedenen Wendungen, die man so nicht direkt als Wendung bezeichnet sondern eher ein *shiften* ist, wie die englische Aussprache es vielleicht genauer beschreibt.

Dieses *shiften* ist eine - in der Regel 45°- Drehung auf der Stelle.

Damit wird der Körper aus der Druckrichtung des Gegners gedreht wie ein runder Stamm, der auf der Stelle dreht und sich nicht weggewendet, um aus der Zentrallinie oder Schlagrichtung zu kommen, wie schon vorher erwähnt.

Es ist auf keinen Fall eine Wendung, die den ganzen Körper vom Gegner wegdreht oder rauswendet, da der uns in diesem Fall sofort unter Druck setzen kann, dem wir wahrscheinlich kaum noch entkommen können, wie sicher schon viele im Training bemerkt haben.

Eine enorme Hilfe zum *shiften* kann ein „kleiner" Schritt in die jeweils nötige oder richtige Richtung sein.

Ich habe ausdrücklich „kleiner" Schritt geschrieben, weil ein normaler oder großer Schritt das Problem in sich birgt, dass wir zu weit vom Gegner wegkommen und zu lange brauchen um wieder in die Schlagdistanz zu kommen, da er sich ja auch bewegt. Wir wollen mit unserem *shiften* in der optimalen Distanz bleiben und nicht rausgehen und wieder reinkommen.

Dies dauert viel zu lange. In dieser Zeit kann sich der Gegner leicht wieder uns zuwenden.

Ein besonders wichtiges Kriterium ist das rechtzeitige „Erfühlen" des Angriffes bei den *Chi Sao*-Übungen. Und das Wort sagt es aus: *Chi Sao*-Übungen, nicht *Chi Sao*-Kämpfen.

Beim Kämpfen selbst schaut es wieder ganz anders aus. Da kommt in der Regel „Angriffs-Wucht" aus der Distanz und kein Druck.

Druck wiederum entsteht erst, wenn der Angriff gestoppt oder umgeleitet wurde, wie auch immer. Wenn ein Stopp oder eine minimale Kampfpause entsteht, die wir selbst provozieren können, erst dann entsteht Druck vom Gegner, auf den wir mit unseren *Chi Sao*-Fertigkeiten reagieren können, bevor der gegnerische Angriff durch ist. Ich hatte noch keine Kampf-, Sparrings- oder Trainingssituation in der ich *Chi Sao*-Kenntnisse verwenden musste, wenn ein direkter, voll geführter Angriff auf mich zukam. Das „Fühlen" des gegnerischen Drucks (nicht des Angriffes) entstand immer erst nach dieser ersten Attacke, wenn der Angriff ins Leere ging und ich in die Nahdistanz musste und direkten Kontakt (Körperkontakt) mit den Armen oder dem Körper des Gegners bekam.

Ich möchte aber beim Thema „Winkeln unter Druck" bleiben.

Es erfordert trotzdem das richtige „aufnehmen können" eines Angriffes indem ich bei Kontaktaufnahme wissen muss welche *shift*-Richtung die richtige ist um nicht in den eventuell zweiten Angriff zu wenden.

Dieses herausfinden bzw. einschleifen dieser „richtigen *shift-R*ichtung" gilt es in Kleinarbeit und Ausdauer einzutrainieren.

Viele sagen, *Ving Tsun* lässt sich in zwei, drei oder fünf Jahren erlernen. Das ist schon richtig.

Aber dieses Erlernen richtet sich ausschließlich auf das Formen- und Techniktraining, aber nicht auf das einstudieren und richtig reagieren in Extremsituationen, wofür wir *Ving Tsun* eigentlich erlernen.

Viele wollen dieses „Winkeln unter Druck" schon nach einer Stunde oder einer Woche können. Dies ist kein Trainieren wie das Üben eines *Tan Sao*, *Pak Sao* oder einer Form, das ich nach einer Stunde vielleicht kann. Für dieses „Winkeln können", sollten Sie mehrere Monate oder sogar Jahre einplanen. Dies kommt nicht von alleine oder mit ein bisschen Training einmal die Woche.

Zum richtigen „aufnehmen können“ gehört es auch, zu wissen, dass die Arme als „Puffer“ (Schultergelenk und Ellbogengelenk) zu betrachten sind, die dieses Aufnehmen erst ermöglichen. Weiterhin helfen die Hüfte und die Knie zusätzlich, starken Druck aufzufangen und eventuell zu absorbieren.

Wenn ich nämlich zu starr bin, werde ich weggeschoben und kann nicht mehr „winkeln“.

Wenn ich zu weich bin, brauch ich nicht mehr winkeln, weil mich mein Gegner eingedrückt und wahrscheinlich schon geschlagen hat. Das richtige Mittelmaß gilt es zu trainieren, damit mein „Winkeln“ nicht vom Gegner weggeht, sondern ihn damit unter Druck setzt bzw. ich meinen Schlag aus der, durch das „Winkeln“ entstandenen, optimalen Position anbringen kann.

Viele sagen auch, „ich brauch das nicht“. In diesem Fall handelt es sich meisten um Personen deren Körpergewicht und Körpergröße über dem Durchschnitt liegt. Diese Personen kennen eigentlich immer nur eine Angriffs-Richtung, und die ist die eines Panzers: „immer nach vorne mit aller Kraft“. Gegen eben diese Personengruppe trainieren wir unser „Winkeln“, damit wir „nicht“ von einem Panzer überrollt werden. Auch andere Stilrichtungen verfolgen dieses „aufnehmen und rauswinkeln“ *(Aikido, Hsing I, Tai Chi).*

Vielleicht ist es eine einfachere Hilfe, wenn ich sage, lasst den Gegner kommen, und zwar mit seiner ganzen Kraft, damit er dann erst mal mit dem stoppen seiner eigenen Masse beschäftigt ist. Dann erleichtert er es uns damit, dass wir gut und mit weniger Problemen „winkeln“ können. Selbst wenn es nur ein kurzer

Augenblick ist, den der Gegner dann zum stoppen seiner Masse braucht, wird dies den weiteren Erfolg unseres Winkelns und unserem daraus resultierenden Konter ausmachen.

Der Drache lehrt:
Wer hoch steigen will, muss dies gegen den Wind tun.

Chinesische Weisheit

Die wichtigsten Techniken

Tan Sao

Anwendungen, Positionen, Winkel

Eine im *Ving Tsun* am meisten verwendete bzw. genutzte Abwehr / Verteidigungstechnik.

Der *Tan Sao* (Handfläche oben) lässt sich in der unterschiedlichsten Weise anwenden bzw. nutzen.

Der *Tan Sao* sollte auf keinen Fall als Block angesehen werden sondern sollte eher parieren der entgegenkommenden Faust bzw. eines Umleiten der auf uns zukommenden Faust sein.

Die Position dieser Technik ist mit ca. einer Faustbreite gemessen am Ellbogen vor dem Körper entfernt am stabilsten. Die Fingerspitzen deuten auf die Schulter des Gegenübers.

Bei einigen Stilen wird der *Tan Sao* als Keil zur Zentrallinie ausgeführt. Das ist absolut falsch. Zeigt der *Tan Sao* nämlich in einem Keil zur Zentrallinie trifft mich die Faust des Gegners mit absoluter Sicherheit.

Auch wenn der Ellbogen zu weit in der Mitte vor dem Körper steht, habe ich keinen Schutz mehr mit dem *Tan Sao*, da der Winkel zum Gegner nicht mehr stimmt.

Der *Tan Sao* wird ebenfalls niemals höher als Schulterhöhe ausgeführt, da er sich sonst sehr leicht vom Gegenüber eindrücken lässt und seine Schutzwirkung verliert.

Wird der *Tan Sao* als alleinige Technik ausgeführt, nur dann zielt er auf die Zentrallinie.

In Verbindung mit einem Fauststoß, zeigt er wiederum auf die Schulter des Gegners und der Fauststoß geht in die Zentrallinie also ins Ziel.

Der *Tan Sao* lässt sich als Verteidigungstechnik mit einer Wendung anwenden bei der ich abgesetzt bin, d.h. dass auf dem hinteren Bein das Gewicht verlagert ist oder als Stop- bzw. Kontertechnik in der Vorwärtsbewegung also als aktiver Charakter angewendet wird.

In der Regel wird der *Tan Sao* meistens in Verbindung mit einem Fauststoß oder einer anderen Kontertechnik etwa einem *Fung Hao Sao*, *Fak Sao* oder

Handflächenstoß angewandt, die gleichzeitig mit dem *Tan Sao* kommen sollten.

In Kombination mit einem *Bong Sao* wird ein *Kwan Sao* daraus, der wahrscheinlich sichersten Verteidigung im *Ving Tsun*. Die Bong-Taan (*Kwan Sao*) Bewegung wird oft in der Holzpuppenform verwendet.

Nicht umsonst ist der *Tan Sao* die erste Bewegung die der Schüler im *Ving Tsun* lernt. Aus der Vorkampfstellung als *Man Sao* den ersten Kontakt zum Gegner aufnehmend kann sich der *Man Sao* ab Kontaktaufnahme in den *Tan Sao* verwandeln.

Der Winkel um einen *Tan Sao* anzuwenden ist von enormer Wichtigkeit, was man auch in der Holzpuppenform mehrfach übt. In der Holzpuppenform lässt sich die beste Winkelarbeit mit dem *Tan Sao* trainieren.

Mit dem falschen Winkel wird mir der *Tan Sao* von den starren Armen des Wooden Dummy eingedrückt oder mein *Tan Sao* zeigt definitiv in die falsche Richtung, nämlich von Gegner weg, was dann eher einem Block gleichkommt, und auf keinen Fall wünschenswert ist.

Eine weitere hervorragende Möglichkeit den *Tan Sao* zu üben ist der Nuk Sao-Drill, in dem wir zusätzlich zum Taan Dar noch den *Pak* Dar und den Gaan Dar sowie Schritte in alle Richtungen verwenden. Zur Perfektion lässt sich der *Tan Sao* jedoch im *Chi Sao*, den klebenden Armen/Händen bei entsprechendem Trainingsaufwand bringen. Hier zeigt sich dann, ob mein *Tan Sao* auch wirklich funktioniert und in welcher Vielfalt er sich anwenden lässt.

Der *Tan Sao* findet sich in allen sechs *Ving Tsun*-Formen wieder. Auch im Langstock- und

Doppelmesser-Training, was dann eben auf die entsprechende Waffe umgewandelt ist.

Bestens dargestellt wurde „der *Ving Tsun Tan Sao*“ in Sifu Stauner’s gleichnamiger DVD. (siehe Anhang)

Bong Sao

Anwendung, Positionen, Winkel

Der *Bong Sao* (Schwingenarm) wird niemals als erste Bewegung benutzt. Der *Bong Sao* ist eine helfende Hand (Arm). Er ist auf keinen Fall gedacht als Abwehr gegen einen Fauststoß zum Kopf.

Es ist absolut falsch, wenn der Ellbogen beim *Bong Sao* höher ist als die Schulter. Beim *Bong Sao* gibt es drei Höhen, die abfallend sind. Die Schulter, der Ellbogen und das Handgelenk als Raumdiagonale nach vorne.

Zudem gibt es zwei verschiedene Arten von *Bong Sao* von den Seiten her. Zum ersten den falschen diagonalen *Bong Sao*, der mit dem rechten Arm auf den rechten Arm des Gegenübers ausgeführt wird, oder eben seitenverkehrt.

Dieser *Bong Sao* ist definitiv der gefährlichere, da man bei dieser Ausführung leicht vom Gegner mit seiner anderen Hand getroffen werden kann.

Zum zweiten den korrekten, also parallelen *Bong Sao*, der z.B. mit dem linken Arm auf den rechten Arm des Gegners reagiert. Hier ist man auf der sicheren, der äußeren Seite des Angreifers, das heißt, er kann uns mit seiner anderen Hand nicht erreichen.

Weiter gibt es den *Bong Sao* tief und hoch ausgeführt.

Viele Anwender haben Schmerzen in der Schulter bei der Ausführung des *Bong Sao* während des *Chi Sao*. Dies bedeutet, entweder heben sie ständig den Arm ihres Trainingspartners oder der *Bong Sao* ist zu hoch. Hat der Anwender Schmerz bei der *Bong Sao*-Ausführung ist die Bewegung falsch. Was beides nichts mit *Chi Sao* zu tun hat. Die Anwendung ist in diesem Fall absolut falsch. Der *Bong Sao* lässt Angriffe oder den Druck des Gegners vom Hals bis zum Bauch (hoher und tiefer *Bong Sao)* an uns vorbeileiten.

Stellen Sie sich einen Oi Tsuki des Karate oder einen Faustst0ß aus dem Fünf Tiere Kung Fu vor, der aus einem tiefen Stand ausgeführt wird, dann haben sie die Anwendungshöhe für einen Bong Sao.

(weitere Erklärung zur *Bong Sao* Höhe siehe unten)

Die Druckrichtung bzw. Angriffsrichtung unserer Trainingspartner lässt sich mit dem *Bong Sao* sehr gut erfühlen. Aufgenommen wird der Angriff mit *Man Sao* oder *Wu Sao*, die sich dann bei entsprechendem Druck in *Bong Sao* verwandeln.

Ganz wichtig, der *Bong Sao* befindet sich immer vor dem Körper. Sollte entweder der Ellbogen oder die Hand über den Körperrand schauen ist die *Bong Sao*-Technik absolut falsch. Auch wenn der *Bong Sao* eingedrückt wird, ist die Technik in der Ausführung nicht richtig. Es soll ja kein *Laan Sao* (Riegelarm) sein. Der *Bong Sao*-Winkel vor dem Körper bleibt immer gleich. Er steht immer als Raumdiagonale vor dem Körper, egal ob tief oder hoch.

Die Stabilität des *Bong Sao* entsteht durch die Bewegung und auf gar keinen Fall durch das Halten aus der Schulter bzw. über die Schulterkraft.

Besonders wichtig zu wissen ist: ist die Zeit gekommen sich zu verändern, d. h. wenn der Druck auf den *Bong Sao* in irgend eine Richtung zu stark wird, dann muss man sich ändern bzw. wenden.

Ist die Hand des Gegenübers dabei zu nahe an meiner Hand, unterstützt der Ellbogen die Wendung.

Ist dagegen die Hand des Gegenübers dabei näher am Ellbogen, dann unterstützt der *Tan Sao* meine Wendung. Die beste Stabilität hat der *Bong Sao* in der Mitte zwischen Ellbogengelenk und Handgelenk.

Um einen optimalen Winkel zum Gegner zu erreichen wird der *Bong Sao* immer in Verbindung mit einer 45° Wendung ausgeführt, was beste Möglichkeiten zum Kontern eröffnet. Ohne Wendung verliert der *Bong Sao* seine Schutzwirkung bzw. sein Helfer-Dasein und wird deshalb nutzlos.

Ganz wichtig bei der *Bong Sao* Anwendung:

„Der Bong Sao bleibt nie stehen“.

Die *Bong Sao*-Technik allein ist vom Hebelgesetz her zu schwach, um ihn halten zu können (bringt nur Schulterschmerzen)

Nutzt man den *Bong Sao* in Verbindung mit *Tan Sao*, entsteht wie bereits bei der *Tan Sao*-Beschreibung , der *Kwan Sao*, mit dem der gesamte eigene Oberkörperbereich abgedeckt werden kann. Ebenfalls lässt sich bei Anwendung des *Bong Sao* als Anschlusstechnik sehr gut eine *Lap Sao* Technik (Zugtechnik*)* anwenden, was den Vorteil hat, dass der Gegner aus dem Gleichgewicht gebracht werden kann.

Der wichtigste Schutz bei der *Bong Sao*-Anwendung ist die eigene *Wu Sao* (schützende Hand), die nach vorne schießt, wenn der Gegner über den *Bong Sao* rutschen sollte.

Viele glauben, sie werden getroffen, wenn der Gegner über den *Bong Sao* rutscht. Es gibt vielfältige Möglichkeiten (mit *Tan Sao*,*Wu Sao*, *Lap Sao* usw.) dies zu verhindern. Wenn meine Positionen stimmen, ist ein Treffer des Gegners nicht möglich.

Was viele nicht wissen!

Der *Bong Sao* wehrt nur Angriffe zwischen Schulterhöhe und Bauch ab (siehe Erklärung oben) . Er ist nicht direkt dazu gedacht Fauststöße zum Kopf abzuwehren. Für diesen Fall haben wir tan-Sao, *Lap Sao*, *Wu Sao*, *Biu Sao*.

Weiteres zum Thema *Bong Sao* im Kapitel über die *Chum Kiu*.

Hinweis:
Im Anhang finden Sie unsere Unterrichts-DVD

Gaan Sao / Kwat Sao

Anwendung, Position, Winkel

Den *Gaan Sao* verwenden wir hauptsächlich als Abwehr gegen Kicks zum Bauch, die wir mit dem eigenen (*Bong Gerk* od. *Yap Gerk*) Bein nicht mehr erwischen und gegen Faustangriffe die ebenfalls in Richtung Bauch gehen.

Der *Gaan Sao* sollte auf keinen Fall wie ein Block ähnlich im Karate benutzt werden.

Diese Abwehr entsteht dann, wenn man zu frontal zum Gegner steht. Dann nämlich werden wir mit Sicherheit einen Bauchtreffer einstecken müssen.

Egal ob innen oder außen benutzt, der *Gaan Sao* wird immer auch in Verbindung mit einer in der Regel 45° Wendung angewandt.

Gleichzeitig mit dem *Gaan Sao* und der Wendung kommt sofort eine Kontertechnik die ein Faustostoß oder auch ein Handflächenstoß sein kann oder eine andere Technik je nach technischen Möglichkeiten des Anwenders.

Wie bei den anderen beschriebenen Techniken auch, ist erkennbar, dass im *Ving Tsun* Verteidigung und Angriff in einer Bewegung, also gleichzeitig verwendet werden.

In anderen Budo-Stilen erfolgt in der Regel erst die Abwehr und dann folgt ein Konter.

Im *Ving Tsun* erfolgen Abwehr und Konter immer gleichzeitig.

Wichtig ist vor allem:

Der *Gaan Sao* ist eine Abwehrbewegung für Angriffe die unterhalb unseres Armes gerichtet sind. Das heißt, auch wenn unser Arm etwas höher wäre ist ein *Gaan Sao* verwendbar, er würde sich dann in einen *Kwat Sao* verwandeln bzw. ändern. Nicht gegen Angriffe unterhalb der Gürtellinie. Dazu verwenden wir unsere Beine zur Abwehr, die wir ebenso vielfältig einzusetzen wissen.

Nachdem ich mit dem *Gaan Sao* fertig bin, geht meine Hand sofort wieder in die *Wu Sao* zurück oder wird sofort für weitere Techniken benutzt.

Besonders zu beachten:

Der *Gaan Sao* bleibt nicht in der Abwehrposition. Schauen sie nie, wie schön ihre Technik war oder funktioniert hat. Dort wo die Hand war, benötigen wir sie in der Regel nicht mehr, da wir ja mit unserer Abwehr schon fertig sind, also sofort mit der gleichen Hand weitermachen können.

Als *Scheren-Gaan Sao* lässt sich die Technik auch als Abwehr gegen hohe Kicks zum Kopf anwenden, der dann sofort ein effektiver Kick zum Standbein des Gegners folgen kann oder aber auch eine Wurftechnik, die den Gegner von den Beinen holt.

Wobei zu beachten ist, dass bei einem Scherengaan als Kickabwehr die volle Wucht des Kicks absorbiert wird. Effektiver bzw. weniger schmerzhaft wäre ein *Kwan Sao*.

Der *Gaan Sao* kann als Einzelbewegung ein hoher Gaan oder ein tiefer Gaan sein.

Mit beiden Armen ausgeführt wird es ein *Scheren-gaan.*

Auch ein Beinhebel wäre eine sehr effektive Möglichkeit, die daraus entstehen könnte.

Wenn ich nicht weiß, mit welcher Hand mein Gegner kommt oder welche Höhe er angreift, ist ein *Scheren-Gaan Sao* innen wie außen ein hervorragendes Mittel um den gesamten Oberkörper zu schützen. In diesem Fall schneidet die obere Hand den Angriff zum Kopf, wenn er außen benutzt wird, regelrecht ab, die sich dann in einen Faustst0ß verwandelt und den Gegner im Angriff trifft.

Sollte der *Scheren-Gaan Sao* innen benutzt werden, kann er sich wie oben bereits beschrieben in einen *Kwat Sao* oder einen *Fung Hao Sao* verwandeln.

Dies wird vor allem in der dritten Form (*Biu Tse*) einstudiert.

Der *Kwat Sao* ist eine Bewegung die dem *Gaan Sao* sehr ähnelt.

Während der *Gaan Sao* eine eher schneidende Aufgabe hat, ist der *Kwat Sao* eher eine runde Bewegung. Man könnte ihn schon fast als Block bezeichnen, wenn die Wendung nicht dabei wäre.

Den *Gaan Sao* sehe ich daher eher als eigenständige Technik, die ohne vorherigen Kontakt eingesetzt wird, während der *Kwat Sao* eher das Resultat einer gegnerischen Abwehr ist und den Impuls dieser Abwehr eben verwendet, um in einer Halbkreisbewegung nachzugeben um einen möglicherweise tiefen Angriff zum Bauch abzuwehren (zur Entstehung siehe *Siu Nim Tao*-Story von *Wong Shun Leung*). Besonders gut üben lässt sich der *Kwat Sao* in der *Nuk Sao*-Übung, einer kontinuierlichen Abfolge oder besser ausgedrückt einem Drill von drei Handtechniken (*tan Dar – Pak Dar – Gwat Dar*), der frei mit zusätzlicher Schrittarbeit (vorwärts-rückwärts-seitlich*)* ausgeführt wird, ähnlich dem *Lap Sao*-Spiel.

Die Huen Sao

Die rotierende oder umgehende Hand

Es ist vielleicht nicht ganz richtig, eine Bewegung oder Technik des *Ving Tsun* herauszunehmen und als die Beste zu bezeichnen, doch es ist so, dass es einzelne Techniken gibt, die besonders ausgeprägt und oft in unseren Formen vorkommen. / (zu jedem Ende eines Satzes der ersten drei waffenlosen und in der Holzpuppenform)

Ich sehe es deshalb als Zeichen dafür, dass es eine wichtige Technik sein muss, sonst würde sie sicher nicht in dem Maße erwähnt und so oft vorkommen.

Eine dieser „wichtigen" Techniken ist die *Huen Sao*. Eine Bewegung die es uns ermöglicht vom äußeren Bereich des Gegners in den inneren Bereich zu kommen und umgekehrt.

Diese *Huen Sao*-Technik ist in allen Formen, vor allem in den ersten drei waffenlosen besonders ausgeprägt enthalten.

Auch die Holzpuppenform enthält einen ganzen Satz (Satz acht), der die *Huen Sao*-Bewegung ausführlich behandelt.

Auch die Langstockform beinhaltet die *Huen Sao* nach innen und nach außen in einem eigenen Satz.

Ebenso wird in der Doppelmesserform der Schluss eines Satzes mit der *Huen Sao* (großer *Gaan*) bedacht.

Es gibt also die *Huen Sao* von innen nach außen und von außen nach innen.

Es gibt aber auch einen kleinen *Huen Sao* und einen großen, wobei der große *Huen Sao* auch als *Gaan Sao* (hoher *Gaan*) bezeichnet wird. Manche bezeichnen die

Technik als *Kwat Sao*, oder auch als *Kao Sao*. Ist aber meiner Meinung nicht ganz richtig, da beide je nach Anwendung und Ausführung für einen anderen Zweck gedacht sind, auch wenn sie unter anderem dafür verwendbar wären.

Mit dieser großen *Huen Sao*-Bewegung können wir zudem erreichen, dass wir damit von einer Seite des Gegners auf dessen andere Seite wechseln können.

Besonders geübt wird diese Technik in unserer, *Gary Lam* Ulrich Stauner-Stilrichtung, auch ab dem Level zwei in *two hands on top* und *two hands under*.

Was wir aber in erster Linie damit erreichen wollen ist, wieder über den Arm oder die Hand des Gegners zu kommen (siehe *Chi Sao*, wer oben ist gewinnt). Damit erreichen wir eine äußerst gute Kontrolle über die Hände / Arme des Gegners. Immer wenn sich die Arme des Gegners unter meinen eigenen befinden (siehe *Chum Sao – Jut Sao – Fook Sao*), kann ich gute Kontrolle ausüben und demzufolge auch gut einen Schlag ausführen, der vom Gegner kaum verhindert werden kann.

Wenn Sie also so schlagen und treffen wollen, ohne eine sinnvolle Gegenwehr des Gegners erwarten zu müssen, üben Sie sich verstärkt in der Anwendung des *Huen Sao*.

Ihre Trefferquote wird, vor allem im *Chi Sao*, um ein vielfaches steigen und das ist es ja, was wir im *Ving Tsun* wollen. Die *Huen Sao* Bewegung hilft uns in die Position zu kommen, aus der wir besonders schnell, perfekt, stabil und kraftvoll schlagen zu können, und den Kampf dann möglicherweise in einer Bewegung bzw. einem Schlag zu beenden.

Es soll hier nicht spekuliert werden, wer dazu im Stande ist, einen Kampf mit einem einzigen Schlag zu beenden! Es steht ohne Zweifel außer Frage dass es möglich ist.

Ich möchte hier für Interessenten nur die Möglichkeiten aufzeigen, wie man in die Position für so einen Schlag kommt. Ob man dann auch tatsächlich so stark schlagen kann, hängt nicht einzig und allein von der Intensität des eigenen Trainings ab, sondern von mehreren Gesichtspunkten wie Glück, eigene Position zum Gegner, die Position des Gegners zu uns usw. Um entsprechende Schlagstärke zu erreichen, sollten Sie sich im Langstocktraining üben bzw. am Wand-oder Sandsack arbeiten)!

Pak Sao / Deng Sao

Anwendung, Position, Winkel

Der *Pak Sao* ist wie die anderen *Ving Tsun*-Techniken kein Block sondern eine seitliche Handflächenabwehr.

Er wird verwendet um einen Faustangriff zum Kopf – Hals – oberen Brustbereich zu parieren. Hier kann ebenfalls mit der vorderen Hand (*Man Sao*) oder auch mit der hinteren Hand (*Wu Sao*) reagiert werden.

Der *Pak Sao* nimmt den Angriff kurz vor dem Ziel auf und gibt ihm eine andere Richtung. Wie auch bei den anderen beschriebenen Techniken, wird auch beim *Pak Sao* mit einem gleichzeitigen Konter, der ein Fauststoß oder Handflächenstoß bzw. ein *Fung Hao Sao* zum Kopf, Hals oder Körper sein kann, agiert.

Der *Pak Sao* ist also eher eine Überraschungstechnik bzw. eine Reaktionstechnik.

Wie die anderen Techniken ist auch der *Pak Sao* ein Hilfsmittel um mein eigentliches Ziel, nämlich meinen Fauststoß bzw. meine Kontertechnik unterzubringen.

Jede Technik hat nur ein Ziel, nämlich den Gegner schlagen, treten, hebeln, werfen oder schließen zu können. Unser Ziel ist nicht die ständige Abwehr, sondern mit unserer Abwehr dem Hilfsmittel den gleichzeitigen Konter unterzubringen.

Der *Pak Sao* ist als parierende Technik zu sehen.

Nicht zu verwechseln ist der *Pak Sao* mit dem „*Deng Sao*", einer Technik, die ebenfalls mit der Handfläche ausgeführt wird aber eher einen stoppenden Charakter hat. Hier wird mit der vorderen Hand wie beim *Pak Sao* auf einen Faustangriff reagiert. Hier wird jedoch die angreifende Faust/Hand im Ansatz spätesten aber auf der Hälfte des Angriffsweges abgefangen und gestoppt. Hier hat der Gegner eher das Gefühl gegen eine unsichtbare Wand oder Gegenstand zu rennen der in abrupt stoppt und zum Teil sogar zurückdrängen soll und bei richtiger Anwendung auch wird.

Falsch ausgeführt, würde nicht der Angreifer dieses Gefühl haben sondern der Verteidiger. Hier wird der Angriff nicht zur Seite gelenkt.

Mit dem *Deng Sao* wird die Zentrallinie des Angreifers über seinen Arm attackiert.

Beim *Deng Sao* kann ich nicht mit einer gleichzeitigen Attacke kontern sondern ein *Lap Sao* (Zugangriff) oder ein Hebel wäre hier z.B. die richtige Antwort.

Wie alle anderen Techniken im *Ving Tsun* lassen sich auch der *Pak Sao* innen und außen und der *Deng Sao* nur außen sowie links und rechts anwenden.

Das hat den Vorteil, dass es vollkommen egal ist, welche Kampfstellung (linke Hand vorne, rechte Hand vorne) man gerade inne hat.

Während mit dem *Pak Sao* der Angriff eher pariert wird, wird mit dem *Deng Sao* der Angreifer eher bedrängt.

Hinweis:
Im Anhang finden Sie unsere Unterrichts-DVD

Ellbogen im Ving Tsun

Wie und wann wende ich sie an.

Wir haben im *Ving Tsun* Kung Fu drei verschiedene Ellbogen-Techniken, die in den Formen vorkommen und sowohl als Angriff als auch zur Verteidigung angewendet werden können.

Als ersten haben wir den gewendeten *Laan Sao* in der *Chum Kiu* Form, der waagerecht kommt wie auch in der *Biu Tse* - Form als Einzeltechnik.

Weiterhin haben wir die drei verschiedenen Ellbogentechniken der *Biu Tse*-Form.

Der erste kommt in einer diagonalen Bewegung von oben, der hauptsächlich als Angriffswaffe über den Arm des Gegners zum Kopf oder zur Brust zielt je nach Körpergröße und Situation.

Der zweite ist ein „drückender" Ellbogen, der auch von oben kommt und den gegnerischen Arm mit der Ellbogenunterseite drückt wenn er als Schlag verpasst hat, um dann freie Bahn für die andere Hand zu bekommen.

Der dritte und letzte ist wie bereits beschrieben der seitliche Ellbogenstoß, der zum Kopf gehen kann bei gleichzeitigem Kopfzug aus der Holzpuppenform oder aber auch nur als Ellbogenschlag auf den Oberarmmuskel.

Alles was sonst noch verwendet wird als Ellbogenschlag kommt in diesen Ausführungen nicht aus dem *Ving Tsun* Kung Fu, was aber nicht heißen mag, dass es in der passenden Situation nicht trotzdem funktionieren könnte.

Was da wäre: der Ellbogenschlag von unten nach oben unters Kinn, der auch als Abwehr verwendet werden kann oder der Ellbogenstoß nach außen, praktisch mit der Ellbogenrückseite.

Viele glauben, bei den *Fak Sao / Fung Hao Sao Sao*-Techniken in der *Siu Nim Tao* und der *Biu Tse*-Form sei es ein Ellbogenstoß nach außen. Dies ist absolut falsch. Dieses „Ellbogen zuerst nach außen bringen“ dient dazu dem *Fak Sao / Fung Hao Sao* die nötige Power zu geben bzw. die *Pak Sao / Deng Sao*-Abwehr am Oberarm zu umgehen.

Was hier unbedingt zu erwähnen ist, dass ich keinen Ellbogenstoß aus der Distanz anzuwenden versuche, wenn ich stattdessen mit der längeren Hand schlagen könnte. Das gleiche gilt in unserer Stilrichtung bei den Doppelmessertechniken. Niemand würde seine Messer einklappen um damit einen Ellbogenstoß auszuführen, wenn man die Messer (in diesem Fall als Distanzwaffe) lang verwenden könnte.

Vorsicht: Ein Ellbogenstoß aus der Distanz wird nie funktionieren.

In der Regel brauche ich eine Ellbogentechnik aus der *Biu Tse* erst dann, wenn meine Arme oder Hände gefasst wurden um mich daraus zu befreien und gleichzeitig damit zu schlagen. (Notfall-Situation)

Oder man verwendet ihn in dem Moment, wenn der Gegner auf uns zu kommt bzw. in uns reinläuft oder wenn man ihn in den Ellbogenstoß ziehen kann, also in der jeweils richtigen Distanz.

Lap Sao

Was ist der *Lap Sao*, wann wende ich ihn an und wie?

Die *Lap Sao*-Zughand-Technik ist hervorragend dazu geeignet den Gegner in eine für ihn unvorteilhafte Stellung/Lage zu bringen um ihn dann mit entsprechender Technik zu attackieren.

Wir wollen mit der *Lap Sao*-Technik nicht erreichen, den Angreifer möglichst stark oder weit zu ziehen. Ein kurzer Zug/Ruck im richtigen Moment reicht voll und ganz aus, ihn abzusetzen bzw. ihn für uns passend zum kontern auf- oder hinzustellen.

Am besten lässt sich die *Lap Sao* unmittelbar über dem Ellbogengelenk oder am Handgelenk ausführen, an den Stellen, an denen der Arm bzw. die Hand dicker wird, und zwar mit Daumen und Mittelfinger, was den speziellen Ruckfaktor auslöst, der den Gegner in die eben für ihn schlechte Position bringt. Auch sind die Hebelkräfte an diesen Punkten besonders gut um- bzw. einzusetzen.

Die *Lap Sao* / Zughand hat nichts mit den *Pulling*-Techniken zu tun , bei denen wir versuchen, den Gegner mit unserer Strukturpower , die wir im *level one* aufgebaut haben, weit und kraftvoll zu ziehen.

Die *Lap Sao*-Technik ist eher kurz und ruckartig auszuführen bzw. anzuwenden.

Die *Lap Sao*-Technik lässt sich am besten anwenden, nachdem eine stoppende Technik ausgeführt wurde . Was nicht heißen soll, dass es nicht auch aus der Bewegung heraus anwendbar ist (siehe unten).

Das heißt, wir versuchen des Gegners Angriff z.B. mit einem *Deng Sao* oder anderen Techniken in der

Bewegung zu stoppen um dann unvermittelt und ruckartig mit unserer *Lap Sao* zu antworten bzw. weiterzumachen.

Auch ein *Bong Sao* oder ein *Tan Sao* sind geeignet *Lap Sao* anschließend anzuwenden.

Dies soll keine Auflistung von verschiedenen Anwendungsmöglichkeiten darstellen sondern lediglich als Verständnishilfe dienen.

Der Nutzen der *Lap Sao* Technik besteht darin, dass der Gegner kurzfristig absolut hilflos unserem Konter ausgeliefert ist nachdem er von uns in eine für ihn unvorteilhafte Position durch unseren ruckartigen Zug gebracht wurde..

Lap Sao kann wie gesagt ein ruckartiger Zug sein ebenso aber als eine weiterleitende Technik nach einer *Bong Sao* Abwehr benutzt werden oder was auch immer der Anwender in der entsprechenden Situation eben machen möchte oder was seinem Ausbildungsgrad entspricht. Je besser er improvisieren kann umso vielfältiger wird sein Anwendungsspektrum sein, damit der Aggressor unseren Konter praktisch ohne Gegenwehr hinnehmen muss.

Ein *Lap Sao* kann auch als „*crossing*" oder „*changing*"-Technik verwendet werden, was den gleichen oben beschriebenen Effekt erzeugt.

In all den bisher beschriebenen Techniken lässt sich erkennen, dass eine Technik des *Ving Tsun* auf Grund der innewohnenden Logik in der vielfältigsten Art und Weise angewandt werden kann und nicht nur eine Technik gegen eine Technik ist.

Schieben und Ziehen

„Pushing und Pulling"

Pushing und Pulling ist die smarte und elegante Art *Ving Tsun* Kung Fu anzuwenden.

Diese *push und pull*-Techniken sind hervorragend geeignet, wenn man sein Gegenüber nicht unbedingt schlagen will aus welchem Grund auch immer.

Laut Master *Wong Shun Leung* waren dies Grandmaster *Yip Man*s Lieblingstechniken um einem Gegner die Überlegenheit des *Ving Tsun* zu demonstrieren ohne ihm auch nur ein Haar zu krümmen.

Push und pull-Techniken lassen sich aus jeder nur erdenklichen Situation anwenden.

Besonders wichtig beim *pushen* ist, dass man immer die Zentrallinie des Angreifers damit attackiert. Man kann auf keinen Fall auf die linke oder rechte Seite des Angreifers zielen.

Absolut falsch ist, wenn man *pushen* will und der Gegner kann sich dann wegwenden oder drehen. Schauen Sie beim *pushen* nicht zu Boden. Ihre ganze Energie geht verloren.

Ihr Blick sollte etwas über des Gegners Kopf gehen und Sie werden verblüffende Ergebnisse erzielen.

Eine hervorragende Möglichkeit das *pushen* zu trainieren ist, den *Po Pai*-Satz der Holzpuppen-Techniken mit einem Trainingspartner zu üben.

Befestigen Sie eine entsprechend dicke und weiche Matratze oder Matte an der Wand und entwickeln damit, den Trainingspartner in dieselbe zu *pushen*, eine Strukturpower und Schubkraft, die unglaublich für Ihren Trainingspartner erscheint.

Selbst wenn man nur einen Arm des Gegners hat, ist es kein Problem damit seine Zentrallinie zu attackieren.

Bei den *Pulling*-Techniken ist es enorm wichtig nicht in Schulterhöhe zu ziehen da man seine ganze Zugkraft aus der Schulter holen muss und sich der Gegner nur schwer oder manchmal gar nicht ziehen lässt, da die Zug- und Hebelgesetze dann nicht funktionieren.

Niemals darf man Gegner in sich bzw. frontal auf sich zuziehen.

Versuchen Sie auf gar keinen Fall ihren Gegner zu schleudern. Soviel Kraft hat niemand. Dies funktioniert nur bei einem Trainingspartner der dies auch zulässt.

Unser Ziel ist es, den Gegner in eine für ihn schlechte Position zu ziehen um dann eventuell weitere Maßnahmen ergreifen zu können.

Gezogen wird immer von oben nach schräg unten, was eine enorme Zugkraft entwickelt.

Das *pulling* funktioniert in einer Art Welle nach unten weg und dann in die Richtung an Ihnen vorbei.

Bei einem ruckartigen Pull / Zug ist es durchaus möglich, ein Schleudertrauma im Genick des Gegners hervorzurufen.

Push und pull-Techniken sind hervorragend geeignet um Schläge und Tritte wirkungslos verpuffen zu lassen, da der Gegner durch ständiges schieben und ziehen kontrolliert wird.

Zieht oder schiebt man den Angreifer, ist er weder in der Lage zu schlagen noch zu kicken.

Vielmehr ist er damit beschäftigt sein Gleichgewicht zu halten bzw. wiederzuerlangen.

Eine ausgezeichnete Methode das *Pulling* zu erlernen, sind die *five pulling Hands* unseres *level one*-Programmes. *closing* - oder Wurftechniken aus dem *Ving Tsun* wären hervorragende Folgetechniken.

Um selbst wenig eigene Energie zu verschwenden, nutzen wir bei *push und pull* die umliegenden Gegenstände, wie Autos, Tische, Mauern, Hecken usw. um den Gegner reinzuziehen oder reinzustoßen um ihn von weiteren Angriffen abzuhalten.

Einer der wichtigsten Grundsätze bei *pushing und pulling* ist :

Will ich den Gegner ziehen, dann schieb ich ihn, will ich den Gegner schieben, dann zieh ich ihn.

Jeder wird sofort in eine Gegenstarre verfallen, wenn Sie ziehen wollen. In dem Moment ist er anfällig gegen einen *push.*

Ebenso wird er sich sofort dagegenstemmen wenn sie versuchen zu *pushen.* Dann ziehen Sie ihn ganz einfach zu Boden.

Wichtig bei allen Aktionen, egal ob *Tan Sao*, *Pak Sao* oder *Lap Sao* usw. ist, dass der Trainingspartner beim Üben und Eintrainieren zu kooperieren lernt, da mit *Ving Tsun* Inzucht-Training kein Lernerfolg eintritt.

Ein Erfolg im Kampf entsteht immer nur aus der Situation heraus und nicht auf einen Plan hin.

Wie schon erwähnt:

Training ist Training, spielen ist Spielen und kämpfen ist Kämpfen!!

Chum Sao & Jut Sao

Anwendung, Position, Winkel

Für einen Laien wird es beim Zuschauen wohl kaum einen sichtbaren Unterschied zwischen *Chum Sao* und *Jut Sao* geben.

Für einen *Ving Tsun*-Praktizierenden jedoch sind diese beiden Techniken so unterschiedlich wie Sonne und Mond. Es werden beide über dem Arm des Gegners ausgeführt.

Während der *Chum Sao* aber eher stoppenden Charakter aufweist, gibt der *Jut Sao* eher nach und pariert den gegnerischen Angriff.

Beim *Chum Sao* ist es zudem äußerst schwierig den Arm des Gegners abzusetzen (in eine bestimmte Position für einen Konter mit der gleichen Hand /Arm zu bringen). Was aber nicht heißen soll, dass es nicht möglich wäre.

Beim *Chum Sao* wird mit der Ellbogenkraft die Handattacke des Angreifers in Richtung auf seine Zentrallinie gestoppt. Sollte der *Chum Sao* daher in die falsche Richtung gehen, hat der Gegner keine Probleme seine Position zu unseren Ungunsten zu ändern.

Während man wiederum beim *Jut Sao* die Attacke der gegnerischen Hand nach unten und seitlich wegleitet, was uns hervorragende Kontermöglichkeiten mit der selben Hand / Arm erschließt, die eigentlich nur von einem *Ving Tsun*-Praktizierenden mit guter *Chi Sao*-Erfahrung abgewehrt werden können. Mit dem *Jut Sao* lassen sich Angriffe zum Bauch als auch zum Kopf abwehren, während es beim *Chum Sao* so ist, dass die Angriffsstufe des Gegners eher die Bauch- oder Magengegend sein wird.

Was darüber ist, wird dann dementsprechend mit *Jut Sao* oder einem hohen *Gaan Sao* aus dem Scheren-Gaan abgewehrt. Dies soll keine feste Möglichkeit darstellen, da man auch *Tan*- oder *Pak Sao* oder andere Techniken verwenden kann, sondern soll eine bildliche Gegenüberstellung zum *Chum Sao* sein.

Die beste Möglichkeit beide Techniken *(Chum Sao* oder *Jut Sao)* anzuwenden wäre zweifellos, wenn wir Dank unserer antrainierten guten *Chi Sao*-Kenntnisse schon Kontakt mit den gegnerischen Armen aufgenommen haben.

Doch wie bereits erwähnt, lassen sich beide Techniken auch aus einem Distanzangriff hervorragend einsetzen um den gegnerischen Faustangriff zu stoppen oder umzuleiten.

Ein herausragendes Detail von *Chum Sao* und *Jut Sao* ist, dass sich beide in herausragendster Weise dazu eignen des Gegners Arme zu kontrollieren.

Absolut falsch ist es, wenn jemand versucht einen *Chum Sao* oder *Jut Sao* anzuwenden, wenn seine Ellbogen ausgestellt sind, d. h. in diesem Falle werden beide Techniken versagen und man wird auf alle Fälle getroffen. Der Winkel des eigenen Armes zum Angreifer wird durch das Ausstellen des Ellbogens verfälscht, wodurch die Techniken ihre Wirkung und Effektivität verlieren. Es war in diesem Fall nutzlos die Techniken überhaupt zu verwenden, denn der Ellbogen dient gleichzeitig auch als Schutz. Wenn ich ihn hebe, eröffne ich meinem Gegner eine Lücke, in die er stoßen kann.

Jetzt werden viele sagen, „ beim *Bong Sao* heb ich ja auch den Ellbogen". Das ist richtig, doch der *Bong Sao* ist ein Schwingenarm, der auf keinen Fall stehen bleibt und der sich als helfende Hand jederzeit in einen *Jut Sao*, *Tan Sao*, *Lap Sao* oder *Wu Sao* usw. verwandeln kann, wenn es nötig ist.

Das beste Beispiel um einen ausgestellten Ellbogen als Fehlerquelle zu testen wäre, beim *Dahn Chi* in der *Fook Sao* Position den Ellbogen auszustellen. Unser Trainingspartner könnte sofort durchschlüpfen um uns zu attackieren.

Hier wird in hervorragender Weise trainiert, den Ellbogen als Schutz gegen einen Handflächenstoß / Fauststoß zu nutzen um dann den *Chum Sao* oder *Jut Sao* ins Spiel bringen zu können. Zu den besten Kontrolltechniken im *Ving Tsun* Kung Fu zählen auf jeden Fall *Chum Sao*, *Jut Sao* und *Fook Sao*, der sich wiederum in beide *(Chum* und *Jut)* verwandeln kann.

Dies lässt sich alles hervorragend im *Dahn Chi Sao* (einarmige *Chi Sao*-Übung*)*eintrainieren und erlernen.

Wichtig: Wenn Sie den *Jut Sao* verwendet haben, schlagen Sie sofort aus der gleichen Position heraus. Holen Sie auf gar keinen Fall erneut oder noch weiter zum schlagen aus.

Optimal beim *Chum Sao* wäre, ihn sofort als Fauststoß ins Ziel (Solarplexus) zu stoßen und nicht zu verharren.

Po Pai

Pushing hands, wann und wie wende ich sie an!

In diesem kurzen Teil möchte ich kurz darstellen bzw. klarstellen, wozu *Po Pai*, die pushing hands aus meiner Sicht überhaupt da sind.

Viele glauben, die *pushing hands* sind ausschließlich dazu da um den Gegner möglichst weit von sich zu schieben (wie im Kino)!

Dazu ist zu sagen, dies ist so nicht ganz richtig und auch nicht direkt machbar.

Jemand möglichst weit von sich zu *pushen* , funktioniert nur, wenn wir unser Gegenüber auf dem „falschen Fuß" erwischt haben. Das heißt: unsere Position ist optimal und die des Gegners muss demzufolge absolut schlecht sein, so dass er kaum in der Lage ist sein Gleichgewicht wiederzufinden.

Es erfolgt dann sozusagen ein „ausheben" oder „entwurzeln" des Gegners.

Um dies zu erreichen, musste ich vier Jahre intensiv üben.

Wozu wir unser *Po Pai-hands* demzufolge hauptsächlich verwenden ist folgendermaßen:

Da anzunehmen ist, dass sich der Gegner wehrt und wir die optimale Position also nur bedingt erreicht haben, verwenden wir die *pushing hands* in der Regel dazu, den Gegner nur soweit zu schieben, dass er in die Reichweite unserer Fäuste oder Beine kommt, was wiederum eine andere optimale Position für uns darstellt.

Dies beinhaltet selbstverständlich, dass der Gegner, dadurch dass wir unsere *Po Pai-hands* anbringen konnten, gleichzeitig damit beschäftigt ist, sein Gleichgewicht wieder zu erlangen.

Dringend notwendig ist dann das unverzügliche Verfolgen des Gegners um zu verhindern, dass er sich wieder auf uns ausrichten kann bzw. außer Reichweite gelangt. Wir wollen ja unsere Folgetechniken in der optimalen Distanz unterbringen um den Angreifer zu kontrollieren und ihm nicht die Möglichkeit zu geben, uns erneut zu attackieren.

Erwähnen möchte ich auch, dass diese *Po Pai*-hands, laut *Wong Shun Leung* und *Gary Lam*, von *Yip Man* oft verwendet wurden, um seinem Gegenüber die Überlegenheit des *Ving Tsun* Kung Fu zu demonstrieren.

Aus eigener Erfahrung kann ich sagen, man kommt im Laufe eines Trainings oft in die Situation die *Po Pai-hands* auszuprobieren.

Alleine schon, wenn sich Neuinteressenten einfinden um unser *Ving Tsun* in einem Probetraining kennen zu lernen. Damit lässt sich viel Überzeugungsarbeit leisten ohne den Probeschüler hart schlagen zu müssen.

Bedenken Sie: Wenn ich mein Gegenüber schieben konnte, wäre mir als Alternative auch das Schlagen des Gegners jederzeit möglich gewesen. Dies vergessen viele.

Hauptsächlich geübt und trainiert werden diese Methoden in der Holzpuppenform und dem speziellen *Po Pai-hands*-Training unseres *level two*- Programms.

Dieses *Po Pai*-Training bezeichnen wir als „freundliche“ Art des *Ving Tsun* Kung Fu.

Die Sensibilisierung des Übenden sollte soweit fortgeschritten sein, dass er im Ansatz erkennen kann, was der Gegner oder in unserem Fall der Trainingspartner vorhat, was wiederum ausgiebiges *Chi Sao*-Training voraussetzt.

Das heißt, der Übende muss durch sein *control centerline*-Training unseres *level two*-Programms die Zentrallinie des Gegners „erfühlt“ haben.

Es nützt nichts, die *Po Pai-hands* anzuwenden und der Trainingspartner bzw. der Gegner kann sich wenden oder ausweichen. Dies würde bedeuten, unser Versuch die *Po Pai-hands* effektiv zu nutzen, wäre in diesem Falle nicht sehr erfolgreich gewesen.

Der „Fauststoß“

Eine der herausragendsten Techniken im *Ving Tsun* ist der Fauststoß selbst.

Ausgeführt wird er in der Regel immer mit senkrechter Fausthaltung, während in anderen Stilen, egal ob japanischen oder chinesischen Ursprungs, mit waagerechter Fausthaltung geschlagen wird.

Ein besonderes Merkmal ist auch, dass der *Ving Tsun* Fauststoß nicht ausholt, sondern aus der Position schlägt, in der sich die Faust/Hand gerade befindet.

Auch beim Kettenfauststoß wird dies deutlich, da wir immer aus Ellenbogenhöhe heraus den Fauststoß ins gleiche Ziel bringen.

Wichtig ist vor allem, den Fauststoß durchzuschlagen und nicht mit der Bizepskraft die Energie im Körper zu behalten.

Der Schüler hat am Anfang ein grundlegendes Problem. Er kann nicht gerade nach vorne schlagen ohne dass ihm auf Dauer das Ellbogengelenk schmerzt.

Der Fauststoß sollte immer auf einer geraden Linie geschlagen werden, um zu vermeiden, dass es zu Schäden am Ellbogengelenk kommt, wenn man nach außen oder nach unten schlägt. Die Trefferfläche der Faust sollte vor dem Schlag weder zur Seite noch nach oben zeigen. Ein Hinweis zu einem guten Fauststoß ist:

„Der Ellbogen sollte sich immer zwischen Faust und Schulter in einer geraden Linie schieben“.

Dies verhindert das oben erwähnte „nach außen“ oder „nach unten“ schlagen.

Außerdem sollten Kettenfauststöße am Anfang zwar langsam ausgeführt werden aber es sollte trotzdem darauf geachtet werden, dass sich der Arm bei jedem Faustst0ß vollkommen streckt. Nur dann ist optimale Energieübertragung möglich.

Das beste Beispiel ist der berühmte *Ving Tsun*-Inch Punch aus kürzester Entfernung.

Durch beständiges Üben ist der *Ving Tsun*-Mann in der Lage aus kürzester Distanz einen vernichtenden Fauststoß auszuführen.

Dieser Fauststoß wird, unterstützt von der Ferse über die Hüfte und dem Ellbogen, mit unglaublicher Härte ins Ziel gebracht.

Ein weiterer Unterschied zu anderen Fauststößen ist, dass hier im *Ving Tsun*-Fauststoß praktisch mit *Yin* & *Yang* (Zeigefinger und Mittelfinger = *Yang*, Ringfinger und kleiner Finger = *Yin*) geschlagen wird. Die Faust trifft im eigentlichen Sinn zweimal in einem Stoß.

Yang trifft auf und *Yin* dringt ein bzw. schleudert den Gegner nach hinten.

Ein weiteres erwähnenswerter Punkt ist folgender:

Wenn Sie schlagen müssen, dann immer mit Entschlusskraft. Nur den Körper zu treffen reicht in einer Selbstverteidigungs-Situation meistens nicht aus.

Schlagen Sie so, dass der Fauststoß eigentlich den Gegner durchdringen würde.

Schlagen Sie nicht „auf“ den Gegner sondern „durch“ den Gegner.

Einen Fauststoß dieser Art auszuführen bedarf es intensiver Übung. Jeder Anfänger weiß wie schwierig es ist, einen vernünftigen Fauststoß korrekt auszuführen.

Üben Sie am Wandpolster und die Erfolge werden sich automatisch einstellen.

Was zum Schluss noch zu sagen ist:

Schlagen Sie beim Partnertraining weder links noch rechts vorbei, noch stoppen Sie wie im Karate oder *Taekwon Do*-Training, sondern versuchen Sie so zu schlagen, dass Sie ihren Partner getroffen hätten. Geben Sie ihm mit einem „falschen“ Fauststoß nicht dass Gefühl, seine Abwehr hätte funktioniert.

Im Ernstfall wird der Gegner nicht vorbeischlagen. Seine Absicht ist zu treffen, und zwar Sie.

Ein wichtiger Hinweis, bei dem ich glaube, dass er in diesen Artikel gehört:

Kein Mensch auf der Welt schlägt seinen Fauststoß so gerade wie *Ving Tsun*-Praktizierende. Deshalb übt Fauststöße abzuwehren, die nicht nur gerade kommen. Jeder Übungsleiter oder Lehrer hat schon die Erfahrung mit einem „Schlangenfauststoß“ gemacht: Den Fauststoß eines Anfängers, der um fünf Ecken sein Ziel gesucht und dann möglicherweise auch noch gefunden hat, weil man auf so etwas nicht vorbereitet ist.

Also bereitet euch auf Fauststöße von Straßenschlägern, Boxern oder anderen Stilarten vor und nicht gegen *Ving Tsun*-Fauststöße die Kerzengerade kommen.

Fak Sao / Fung Hao Sao

Anwendungen/ Positionen/ Winkel

Bei diesen beiden Techniken, die für einen Laien gleich aussehen, sollte man wissen, dass der *Fak Sao* aus der Schulter kommt wie in der *Biu Tse*-Form geübt und der *Fung Hao Sao* aus dem Ellenbogen wie in der *Siu Nim Tao*-Form vierter Satz.

Selbstverständlich kann man beide Techniken verwenden um den Hals des Gegners zu attackieren wobei es dabei aber entscheidende Unterschiede gibt.

Denn, sollte ein *Fak Sao* zum Hals abgewehrt werden, ist er praktisch eine vergebene Chance.

Hingegen der *Fung Hao Sao* lässt sich in eine zweite Chance verwandeln, indem man am Ellbogengelenk durchstreckt und die Technik trotzdem noch ins Ziel bringen kann.

Beim *Fung Hao Sao* wird die Technik in zwei Abschnitte eingeteilt. Zum einen, einen Ellbogenstoß und zum zweiten einen Handkantenschlag.

Der *Fung Hao Sao* ist in seiner Anwendung einfach flexibler als der *Fak Sao*, lässt er sich doch zum einen frontal, sowie mit der Innenhandkante und mit der Außenhandkante seitlich anwenden, was eine enorme Vielfältigkeit mit sich bringt, da er eben übers Gelenk funktioniert und benutzt wird.

Vielleicht mag die Beschreibung hier etwas missverständlich sein, lässt sich aber in einer praktischen Demonstration sehr anschaulich erklären.

Beim *Fak Sao* hingegen ist es eine Technik, die als ein einziger Ablauf ausgeführt wird.

Der *Fak Sao* kann wiederum sehr nützlich und effektiv als „Störenfried“ zum Körper oder als *asking hand* verwendet werden, was in beiden Fällen den Gegner irritieren bzw. verunsichern soll. Mit den *asking hands* stellt man dem Angreifer damit praktisch eine „Frage“ (Angriff), auf die er eine Antwort (Verteidigung) geben soll.

Wir als *Ving Tsun*-Praktizierende wollen in diesem Fall keine Antwort geben, sondern mit einer Gegenfrage kontern um dem Gegner seinerseits dann eine Antwort bzw. einen Fehler zu entlocken, was uns dann wiederum in die dominierende Position bringt.

Wenn man ständig „gefragt“ wird, ist man mit der „Antwort“ in der Defensive. Stellt man aber eine Gegenfrage, kehrt sich alles um und man zwingt den Gegner durch die Gegenfrage dann zu einer Antwort, und evtl. zu einem Fehler.

Beim Schachspielen ist es das gleiche. Der Gegner schiebt einen Bauern vor um eine Bedrohung oder einen Konter auszulösen , würde dieser Konter aber durchgeführt, hätte ich eine Antwort gegeben. Bedrohe ich aber meinerseits auf seine Frage seine Dame oder sogar den König, ist er in Zugzwang und ich habe nicht geantwortet, sondern eine Gegenfrage gestellt, die wiederum eine Antwort seinerseits fordert.

Wie *Fak Sao* / *Fung Hao Sao* , *Pak Sao* / *Deng Sao*, *Gum Sao* / *Dan Sao* oder *Chum Sao* / *Jut Sao*, gibt es in der chinesischen Sprache viele solcher Beispiele, die offensichtlich gleich ausschauen, aber etwas ganz anderes damit meinen oder ausdrücken wollen, da ein kleiner Unterschied besteht, den das Auge möglicherweise gar nicht wahr nimmt, in unserem Fall aber eine Technik effektiver werden lässt oder einfach für einen anderen Zweck gedacht ist.

Die Wu Sao

(die schützende Hand) Bild siehe linke Hand auf dem *Bong Sao*-Foto.

Die *Wu Sao* betrachten wir im *Ving Tsun* als eine, vielleicht sogar die wichtigste Verteidigungstechnik. Wobei es gar nicht unbedingt eine Technik ist, sondern eher eine „Schutzhand“ die unmittelbar vor dem Hals/Kopf im Raum steht und die letzte Bastion unserer Verteidigung ist, bevor es „einschlägt“.

Zur Technik wird die *Wu Sao* erst, wenn sie nach vorne schießt, falls unsere vordere Hand als Verteidigung versagt hat.

Besonders wichtig ist die *Wu Sao*, wenn wir unseren *Bong Sao* einsetzen müssen. Da der *Bong Sao*, wie bereits in einem vorherigen Artikel beschrieben, als Schutz vom Hals bis Bauch gebraucht wird, benötigen wir hier den *Wu Sao* als Schutz, da der Gegner über den *Bong Sao* rutschen oder schlagen kann. Hier kommt dann die *Wu Sao* effektivst zum Einsatz indem er dem Angriff des Gegners entgegengeht.

Ebenso ist die *Wu Sao* eine in Bereitschaft stehende Faust bzw. Angriffshand.

Dies wird deutlich, wenn wir unseren *Lap Sao* Zyklus üben.

Hier erfahren Sie vielleicht zum ersten Mal, warum es so wichtig ist, die *Wu Sao* so intensiv zu üben bzw. so viel Augenmerk darauf zu richten ist.

Die *Wu Sao* wird zur *Lap Sao*-Technik, da unser *Bong Sao* zu schwach wäre, um im Raum als Verteidigung stehen zu bleiben.

Mit der *Wu Sao*, in Verbindung mit dem *Bong Sao*, bereiten wir unsere Crossing Hands, einen von fünf Systemen im *Ving Tsun*-Systems, vor.

Die *Wu Sao* dient ebenfalls mit als hervorragender Schutz des Halses, der ja im *Ving Tsun* ein Hauptangriffsziel ist und deshalb diesen speziellen und sicheren Schutz nötig hat.

Selbst unsere traditionelle Vorkampfstellung „*Wu Sao/Man Sao*" zeigt schon die extreme Wichtigkeit dieser Handstellung. Wenn der Gegner an unserer *Man Sao* (suchende Hand) vorbei ist, trifft er immer noch auf die *Wu Sao* als letzten Schutz vor unserm Körper.

Also, denken Sie nicht, sie brauchen die *Wu Sao* nicht oder vielleicht selten als unnütze Sache.

Glauben Sie mir, diesen *Wu Sao*-Schutz sollten Sie ganz besonders pflegen.

Selbst, nur durch ihr vor dem Körper stehen, leitet die *Wu Sao* schon gerade Angriffe vom Kopf weg ohne sich auch nur zu bewegen.

Die obige Beschreibung, die *Wu Sao* zu verwenden ist nur ein Aspekt von vielen.

Unser *level one*-Programm zeigt die verschiedensten Anwendungen der *Wu Sao* aus den verschiedensten Situationen und Positionen.

Der Handflächenstoß

Neben der Handkante und der Faust ist die Handfläche die dritte und vielleicht effektivste Handtechnik.

Viele glauben, dass der Handflächenstoß nur zum schieben oder als Abwehrtechnik dient.

Dies ist ein grundlegender Irrtum, den schon Master *Wong Shun Leung* (lt. Erzählung v. Sifu *Gary Lam*) erkennen musste, als er von einem Stilisten des Iron Palm in einem Herausforderungskampf getroffen wurde und dieser Handflächenstoß einen schlimmen Bluterguss hinterlies, so dass er auf Grund dieses Treffers sogar den siebten Satz der *Siu Nim Tao* änderte, den es in dieser Form so vorher nicht als *Gaan Sao / Kwat Sao* gab.

Selbstverständlich lässt es sich mit der Handfläche hervorragend abwehren bei *Pak Sao* und *Deng Sao* und auch sehr gut schieben bei *Po Pai* und *push und pull.*

Die meisten der angewandten Techniken im *Ving Tsun* werden mit offenen Hand ausgeführt, was aber in diesem Fall nichts mit dem Thema Handflächenstoß zu tun hat.

Ein viel größerer Vorteil liegt in der Größe der Handfläche im Gegensatz zum Fauststoß oder der Handkante.

Während sich mit der Faust auch härtere Körperteile hervorragend attackieren lassen und mit der Handkante kleinere Ziele wie der Hals angreifen lassen geht ein perfekter Handflächenstoß ins Innere des Körpers. Er attackiert sozusagen die inneren Organe durch seine Erschütterung.

Ein Treffer aufs Ohr mit der flachen Hand kann bewirken, dass das Gleichgewichtsgefühl nachhaltig beeinträchtigt wird. Ein Treffer auf die Herzgegend kann sehr wohl Herzrhythmus-Störungen hervorrufen. Ein Handflächenstoß ins Gesicht trifft gleich mehrere wirksame Punkte wie Nase, Mund, Kinn evtl. die Augen wenn die Finger eingesetzt werden.

Einer der größten Vorteile, vielleicht sogar der herausragendste ist die Treffsicherheit mit einem Handflächenstoß.

Während man mit einem Fauststoß oder einem Handkantenschlag durchaus vorbeischlagen, wenn der Gegner schwitzt oder sich bewegt, trifft der Handflächenstoß immer.

Selbst wenn der Kopf des Gegners sich bewegt oder er wie beschrieben schwitzen sollte, lässt sich der Handflächenstoß jederzeit in eine *push*-Technik verwandeln, je nach Ausweichrichtung unseres Gegners.

Der Angreifer hat dann definitiv nicht mehr die Möglichkeit auszuweichen, weil die Handfläche einfach sensibler im Fühlen ist als eben ein Fauststoß oder ein Handkantenschlag.

So hat es letztendlich sicher auch etwas mit dem Fortschritt des Schülers im *Ving Tsun* zu tun, da am Anfang meist die Faust eingesetzt wird und erst im fortgeschrittenen Stadium zur Handfläche im Kampf übergegangen wird.

Also, unterschätzen Sie niemals Ihren Handflächenstoß.

Ving Tsun - „Powerpoints"

Was sind die Powerpunkte und wo sind sie?

Als erstes möchte ich auf die Frage eingehen:

Was sind die *Ving Tsun*-Powerpunkte?

Powerpunkte sind Stellen am Körper, die den Körper aufrecht halten bzw. wenn nur einer dieser Punkte gebrochen ist, der Körper immer aus dem Gleichgewicht ist.

Das brechen der Powerpunkte bedeutet in diesem Fall nicht das abbrechen sondern die Attacke der Punkte . Dieses Attackieren der Powerpunkte ist immer äußerst schmerzhaft für den Gegner und zieht immer langwierige Gelenks- und Sehnen- bzw. Bänderverletzungen nach sich. Bedenken Sie, *Ving Tsun* ist ein Selbstverteidigungs-System und nicht gedacht um im Wettkampf verwendet zu werden. Die Powerpunkte sind verschiedene am Körper verteilte Punkte der Gelenkstruktur.

Selbst wenn der Gegner weiß, dass ich seine Powerpunkte angreife, kann er schwerlich etwas dagegen unternehmen, da meine Power und mein Timing besser sind als seine und ich die Auswahl habe, welchen Powerpunkt ich attackiere. Diese Punkte kann man nicht verstecken oder gezielt schützen. Einer oder mehrere werden immer frei sein um sie attackieren zu können.

Wo sind nun diese Powerpunkte?

Wenn wir am Kopf anfangen, ist der erste Punkt am Halsgelenk bzw. Halswirbel.

Der zweite ist das Schultergelenk. Der dritte und vierte sind das Ellbogengelenk und das Handgelenk. Wenn wir weiter nach unten wandern ist der nächste Punkt das Hüftgelenk.

Als weiterer Punkt kommt das Kniegelenk und zu guter letzt das Fußgelenk.

1. Halsgelenk

2. Schulter / 3. Ellbogen / 4. Handgelenk

5. Hüftgelenk

6. Kniegelenk

7. Fußgelenk

Wir haben also sieben/vierzehn (beide Seiten) Powerpunkte am Gegner, die verhältnismäßig leicht für einen fortgeschrittenen zu attackieren sind. Der Vorteil der Attacke dieser Punkte im Vergleich zu den Vitalpunkten ist, dass hier keine Lebensgefahr für den Angreifer besteht und daher die ethischen und humanen Punkte bei der Notwehr berücksichtigt sind und diese Punkte für einen fortgeschrittenen *Ving Tsun*-Kämpfer auch einfach angreifbar und erreichbar sein sollten um einen möglichen Angreifer von weiteren Attacken abzuhalten was ja unser Hauptziel ist.

Die Powerpunkte sind durch Zug, Schub, Hebel oder Schläge/Tritte angreifbar. Wie Sie sehen, haben wir eine sehr gute Auswahl an Techniken, die zur Attacke der Powerpunkte und somit zum Ausschalten des Gegners geeignet sind und in der Selbstverteidigung ausgezeichnet und absolut wirkungsvoll verwendet werden können, um den Gegner von weiteren Angriffen auf uns abzuhalten.

Es sollte zum Standart oder Grundwissen eines *Ving Tsun*-Praktizierenden gehören, über die Powerpunkte des Gegners Bescheid zu wissen und wie er seine eigenen Techniken dazu verwenden kann, diese Powerpunkte wirkungsvoll und vor allem sicher für sich selbst attackieren zu können.

In unserem *level two*-Programm lernt der Schüler diese fortgeschrittene Art der Selbstverteidigung anzuwenden wozu er als Basis auch das *closing*-Programm aus dem *level one* benötigt. Denn, „ohne Basis kein Fortschritt"!

Der Narr tut, was er nicht lassen kann,
der Weise lässt, was er nicht tun kann.
Chinesische Weisheit

Das „Closing“

Das Schließen und Kontrollieren.

Was ist *closing* eigentlich und wie verwende ich es?

Da es im *Ving Tsun* keinen Bodenkampf gibt ist das *closing* unsere Art, im Stehen zu ringen (ähnlich wie bei den Sumoringern) bzw. den Gegner mit *closing*-Techniken so zu kontrollieren, dass es ihm unmöglich ist, sich daraus zu befreien, oder ihn mindesten so lange unter Kontrolle zu haben, bis wir Hilfe bekommen.

Sollte dies nicht möglich sein, bleibt uns nur die Alternative nach dem *closing* zu schlagen oder wegzurennen.

Ving Tsun ist ein schlagender Stil. Das heißt für uns, wir wollen den Gegner zu Boden bringen ohne ihm dahin folgen zu müssen.

Anwenden kann man das *closing* immer dann, wenn uns der Gegner die Möglichkeit eines Hebels an einem der Powerpunkte gibt.

Immer wenn man die Powerpunkte attackieren kann, besteht die Möglichkeit eines Hebels oder dem schließen des Gegners d.h. so nah an ihn ranzukommen, dass uns die Möglichkeiten offen stehen, ihn mit Arm-, Kopf-, oder Beinhebeln (im Stand) unter Kontrolle zu bringen, ohne dass er uns wiederum schlagen oder attackieren kann.

Einstudiert wird dieses spezielle Kontrollieren in unserem *closing and breaking Powerpoint*-Programm des *level one* und *level two*.

Dieses *closing and breaking Powerpoints*-Programm sollte unter allen Umständen vorsichtig und unter Anleitung eines erfahrenen Lehrers trainiert werden, da es ziemlich langwierige Verletzungen nach sich ziehen kann bei falscher Anwendung.

5 Elemente

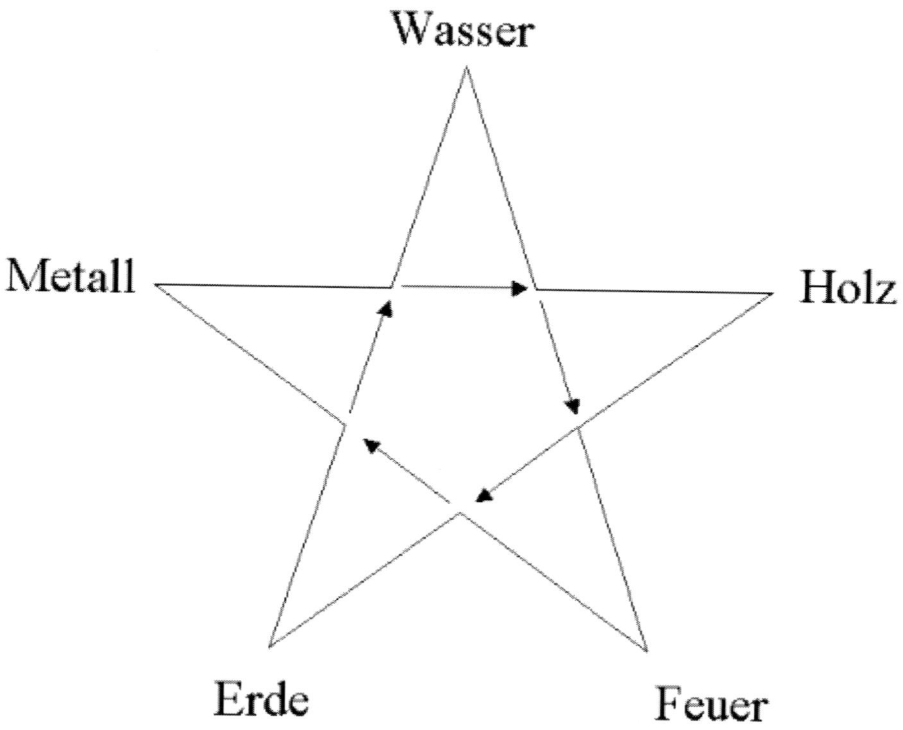

Der Stoppzyklus:

Erde stoppt Wasser, etc…

So lassen sich die fünf Elemente dem *Ving Tsun* Kung Fu zuordnen:

FÜNF ELEMENTE SYSTEM

Fünf Elemente Kampf
Der Geburtszyklus

WASSER	**HOLZ**	**FEUER**	**ERDE**	**METALL**
Crossing Hands	Schieben *Pushing*	Ziehen *Pulling*	Beenden *Closing*	Beinarbeit
reagieren	fühlen	überraschen	kontrollieren	Schaden zufügen
Sich verändern	Timing	Schnelligkeit	Entfernung	Power
Weisheit	Reife	Gelegenheit	Aktion	Vertrauen
Gedächtnis,	Erfahrung	Verstand, Sehen	Position	Selbstschutz
Unterstützung Kooperation	Ruhe	Schnelligkeit, um langsam zu schlagen	Position einnehmen	Power Points

Die fünf Elemente im *Ving Tsun* können wir zur Philosophie zählen und das Studium derselben ist sehr, sehr zeitaufwendig . Um die fünf Elemente zu verstehen bedarf es eines schon fast externen Studiums, das nicht nur *Ving Tsun* betriff, da die fünf Elemente auch in die traditionellen chinesische Medizin integriert werden können.

In unserem Fall sind die fünf *Ving Tsun*-Systeme auf die fünf Elemente verteilt.

j) Das *Crossing Hand*-System ist dem Wasserelement zugeteilt.
k) Das *Pushing*-System wird dem Holzelement zugeordnet.
l) Das *Pulling*-System kommt zum Feuerelement,
m) während das *closing*-System das Erdelement ist

n) und *Footwork* im Metallelement aufgenommen ist.

Zu verstehen ist hier, welches Element das andere aufhebt und zu einem Kreislauf führt (siehe Tabelle), um es anwenden zu können.

Sifu Stauner demonstriert das Schieben

Yin & Yang im Ving Tsun

Viele können sich unter *Yin & Yang* kaum etwas vorstellen, obwohl es gerade im *Ving Tsun* von enormer Wichtigkeit ist, dies zu wissen um sich den entscheidenden Vorteil zu verschaffen, wenn ich *Yin & Yang* zu nutzen weiß.

Gerade im *Ving Tsun* gebrauche ich beide Hände in unterschiedlichster Weise gleichzeitig. Mein Gegenüber hat somit immer ein Problem.

Die linke Hand verteidigt, während gleichzeitig die rechte Hand schlägt. Wenn die rechte Hand ablenkt, wird eben die linke Hand gleichzeitig aktiv.

So kann die eine Hand weich sein, während die andere gleichzeitig stark sein wird.

<u>Was also ist *Yin & Yang*?</u>

In der Lehre des *Yin* und *Yang* drückt sich die Tatsache einfach so aus, dass alle Dinge zwei gegensätzliche bzw. sich ergänzende Parts enthalten.

In einer alten chinesischen Erklärung dazu heißt es, *Yin* und *Yang* sind das Wesen des Himmels und der Erde. Sie sind Vater und Mutter jeglicher Veränderung, Anfang und Ende des Lebens und des Todes.

Alles was sich ruhig verhält, was nach unten geht, was z.B. trübe und verborgen ist, was sich praktisch passiv zeigt und schwache Funktionen hat, gehört zu *Yin*.

Alles was sich hingegen bewegt, was nach oben steigt, was auch klar erkennbar und aktiv ist, was starke Funktionen und Bewegungen zeigt, gehört zu *Yang*.

In Folge ihrer Gegensätze bekämpfen sich *Yin* und *Yang* ständig wechselseitig.

Dies wird folgendermaßen beschrieben:

Wenn das *Yin* stark wird, schwächt sich das *Yang* ab. Umgekehrt wird das *Yin* schwächer, wenn das *Yang* stark wird.

Unter *Yin* verstehen wir den weiblichen Part und unter *Yang* den männlichen Teil.

Wir können es auch beschreiben als weich (weiblich) und hart (männlich) oder als weiß und schwarz. Also immer das Gegensätzliche. Schnell und langsam oder vor und zurück.

Ein Teil kann ohne das andere nicht existieren. Es gibt kein *Yin* ohne *Yang* oder umgekehrt. Es gibt kein hart ohne weich.

Gerade im *Ving Tsun* benötigt man *Yin* & *Yang* beim kämpfen.

Wenn der Gegner hart ist, bin ich weich.

Wenn der Gegner weich ist, bin ich demzufolge hart.

Geht eine Faust nach vorne, geht die andere zurück. Geht eine Hand nach oben, geht die andere nach unten. Ebenso ist es, aus einer relaxten Situation blitzschnell und überraschend zu reagieren. Greift mich mein Gegner schnell an, reagiere ich durch meine *Chi Sao* Kenntnisse für den Gegner langsam und umgekehrt.

Wenn mich der Gegner stark bedrängt, werde ich weich und weiche dem zu Folge mit *Yin* zurück , um dann mit *Yang* wieder nach vorne zu stoßen.

Sie sehen also, alles Dinge, die ich beim kämpfen unbedingt benötige.

So stehen *Yin & Yang* also immer für alle nur möglichen Gegensätze.

Die Gegensätze verändern sich bei einem Maximum an *Yin* zu *Yang* und einem Maximum an *Yang* zu *Yin*, wenn zum Beispiel die *Yin*-Kraft meines Gegenübers stärker ist als meine *Yang*-Kraft. Die größte Kraft des *Yin* wird dann automatisch zu *Yang*.

Besonders wichtig wenn sie *Yin & Yang* im Kampf verwenden wollen ist ihre Fuß- bzw. Schrittarbeit. Denn, die Hände können in diesem Falle nicht arbeiten ohne die Füße und umgekehrt. Die Hände sind von den Füßen abhängig und umgekehrt. Sie können noch so eine gute Handtechnik haben, ohne die Mitwirkung der Füße geht es nicht.

Der ständige Kampf zwischen *Yin* und *Yang* und die ständige Veränderung treiben die Entwicklung der Ding voran.

Es heißt auch: Das *Yin* sitzt innen und ist der Wächter des *Yang*.

Das *Yang* hingegen sitzt außen und ist der Bote des *Yin*.

Ein gutes Beispiel hierfür sind auch unsere *Chi Sao*-Positionen etwas genauer betrachtet.

Eine Hand ist außen (mit *Fook Sao*), während die andere innen (mit *Tan Sao*) ist. In umgekehrter Seite ist es beim Gegenüber genauso. Er hat ebenso die *Fook*

Sao und *Tan Sao* Position inne. Somit wird die Balance von *Yin* und *Yang* erhalten.

Die *Yin* und *Yang*-Lehre umfasst folgende vier Punkte:

o) die Gegensätzlichkeit zwischen *Yin* und *Yang*
p) die gegenseitige Abhängigkeit von *Yin* und *Yang*
q) die gegenseitige Ergänzung und Begrenzung von *Yin* und *Yang*
r) die gegenseitige Umwandlung von *Yin* und *Yang*

Es sollte aber keines dieser Punkte separat betrachtet werden sondern immer in ihren wechselseitigen Verbindungen zueinander.

Bei einem Gegner der z.B. hartes Karate betreibt, wird unser *Ving Tsun* zu einem weichen Stil, bei dem wir eher parieren und ausweichen.

Während wiederum bei einem Gegner, der weiches *Aikido* oder *Tai Chi* betreibt, unser *Ving Tsun* hart und kräftig wird, wir demzufolge aggressiv und stark vorwärts drängen.

Yin und *Yang* befindet sich in jeder Aktivität des Menschen und der Natur. So auch im *Ving Tsun* Kung Fu.

Das Schema dazu ist immer das selbe. Mit einer weichen Bewegung kann man einen harten Schlag umlenken.

Würde man nun jedes einzeln für sich betrachten, hat jedes seine eigenen Vorteile und Qualitäten.

Yang ist das Positive, Aktive und Helle. Alles was demzufolge warm, hart, trocken, stabil und männlich ist, dem wird *Yang* zugeschrieben.

Yin ist das Negative, dunkle und nachgiebige. Alles was passiv, kalt, dunkel, nass, mystisch und weiblich ist.

Die Gegensätze stehen aber niemals in direkter Opposition zueinander.

Es heißt nur, wenn es Dunkelheit gibt, gibt es auch Helligkeit.

Wenn es Stärke gibt, dann gibt es auch Schwäche.

Wenn es Härte gibt, gibt es auch Weichheit.

Ein *Ving Tsun*-Kämpfer nutzt die Schwäche seines Gegners aus, die in jedem Fall existent ist.

Selbst dort, wo jemand besonders stark erscheint, gibt es einen schwachen Punkt und diese Schwäche befindet sich im Zentrum der Stärke.

Somit ist *Ving Tsun* nicht das Wissen darüber, wie man einen Gegner überwältigt, sondern das Wissen darüber, wie wir *Yin* und *Yang* finden.

beim Langstocktraining mit Sifu Gary Lam

Der Mehrfronten-Kampf

Eines der wichtigsten Themen, wenn man wirklich kämpfen lernen will, ist sich mit dem Kampf gegen zwei oder mehr Gegnern zu befassen.

„Fast“ alle Kampfkunstlehrer bzw. SV-Ausbilder wissen es, doch kaum einer übt es bzw. lässt es von seinen Schülern trainieren.

Eine Auseinandersetzung wie in früheren Tagen „Mann gegen Mann“ gibt es fast nicht mehr.

Wenn, dann kann man eigentlich schon fast von Glück reden, wenn man heutzutage auf der Straße nur einen Gegner hat.

Fast in jeder Schule wird trainiert wie in alten Zeiten. Mann gegen Mann.

Es ist klar, dass man mit dieser Trainings - Phase beginnen muss, doch sollte es definitiv nicht dabei bleiben, dass man ausschließlich einen Trainingspartner hat, der den Gegner simuliert und uns angreift. Wir betreiben *Ving Tsun* Kung Fu. Das heißt, wir lernen ein Kampf- bzw. Selbstverteidigungssystem. Wir müssen alle Aspekte einer Auseinandersetzung ausreichend berücksichtigen. Und Heutzutage in einer Zeit der jugendlichen Rottenbildung ist es nun einmal so, dass man zu 90% mit mehr als einem Gegner zu rechnen hat.

Einer allein ist in der Regel viel zu feige sich zu stellen.

Einer der Hauptgründe warum es so selten geübt wird ist, es ist am Anfang ein äußerst unangenehmes Training und man muss sich innerhalb von Sekunden auf nicht nur einen, sondern gleich auf mehrere Angreifer einstellen.

Die Verletzungsgefahr steigt je mehr Angreifer es sind. Es gibt vermehrt blaue Flecke und auch dicke Lippen und Nasenstüber. Wer will sich schon verletzen?

Es kostet, zumindest in der Lernphase“ enorm viel Kraft und Energie, da man in kürzester Zeit den Überblick über die Situation verliert, wenn die Trainingspartner schnell und mit Willen angreifen und dann vielleicht auch noch versuchen einen zu packen und zu Boden bringen wollen. Es sieht auch nicht mehr schön aus. Hier versucht man dann wirklich nur noch so wenig wie möglich abzubekommen.

Wie nun eine solch verfahrene und komplizierte Situation trainieren?

Als erstes ist es besonders wichtig, Angreifer im Training so auszuwählen, das es keine Unerfahrenen und übermotivierte Schüler sind. Also Übungsleiter oder Schüler die schon länger dabei sind und die nicht versuchen werden, irgendwelche Defizite an einem anderen auszuleben.

Sie müssen wissen, wann Sie getroffen sind und evtl. auch ob es ein schwerer Treffer ist, den sie erhalten hätten. Sie müssen erkennen, wann sie aufzuhören haben oder auch, wann es besser ist, nicht erneut zu attackieren.

Der Verteidiger muss langsam an diese für ihn erst mal schon fast unlösbare Situation herangeführt werden. Keiner kann so was fehlerfrei auf Anhieb. Ich würde sagen, ein Jahr Lernphase ist das Minimum. Erst dann hat man „vielleicht“ den ersten Eindruck von einer Auseinandersetzung bekommen, die noch nichts mit Selbstverteidigung zu tun hat sondern ein freiwinden ist, da man eben nicht voll schlagen und treten kann.

<u>Noch eins: Es ist immer noch Training, kein Kampf.</u>

Das darf auf keinen Fall vergessen werden, von keinem der Teilnehmer.

Der Lehrer muss erkennen, wann abgebrochen werden muss, um das Training nicht eskalieren zu lassen.

Eine besonders gute und von den Schülern begrüßte Trainingsmethode gegen mehrere Angreifer ist:

Geben Sie dem Schüler erst mal nur zwei Gegner, die nach Absprache angreifen. Danach erfolgen Angriffe, die eben nicht mehr abgesprochen sind.

In der Folge, um die Effektivität des Trainings zu steigern nehme man vier oder sechs Gegner (je nach Fortschritt) die den Ausgang versperren und der Verteidiger hat die Aufgabe durch die Reihe dieser vier oder sechs Gegner zum Ausgang zu kommen.

Eine andere ausgezeichnete Übung ist, dass der Verteidiger sich durch ein Spalier von Gegner zu kämpfen hat, die ihn mit Fäusten zum Kopf oder auch zum Körper attackieren ohne Absprache wer wohin schlägt.

Eine weitere gute Trainingsmethode ist unser Kreistraining.

Zu Beginn dieser Übung lernt der Schüler erst einmal einen nach dem anderen abzuwehren.

In der nächsten Phase greifen die Trainingspartner schon durcheinander aber immer noch nach Absprache an.

In der letzten Phase hat der Schüler dann die Aufgaben den Kreis zu durchbrechen um wieder flüchten zu können.

Es zeigt ihm außerdem, dass man bei vielen Gegner keine Zeit hat, sich lange mit einem einzelnen Gegner zu beschäftigen, da sonst die anderen ins Geschehen mit eingreifen und man gar keine Chance mehr hat zu entkommen.

Hier geht es nur noch darum, so wenig wie möglich abzubekommen. Und, bei einem Kampf gegen mehrere Gegner sollte man nicht glauben, dass es alles so leicht klappt wie im Kino.

Sie sehen, es gibt die verschiedensten Methoden, das Training gegen mehrere so zu gestalten, dass die Schüler es nicht aus Angst vor Verletzungen meiden.

Das wichtigste ist, dass es eine Steigerung gibt, an die der Schüler, der wirklich kämpfen lernen will, herangeführt wird.

Und vor allem, sollte dieses Training auf freiwilliger Basis sein. Selbst etwas zögerliche Schüler, wenn sie sehen dass nichts passiert, werden dann daran teilnehmen.

Der größte Vorteil darin besteht nicht nur darin, dass man sich mit dieser Art des Kampfes beschäftigt, sondern dass es einem hilft, mehr Überblick über eine Stress-Situation zu bekommen, denn jeder kennt den „Tunnelblick". Man sieht nur noch eine Person, anstatt alle mehr oder weniger im Auge zu behalten.

Lassen Sie dieses Training zur eigenen Routine werden und es hilft garantiert in einer SV-Situation auf die eine oder andere Weise halbwegs gesund nach Hause zu kommen.

Ich weiß aus eigenen Erfahrungen durch meinen Aufenthalt in einen Erziehungsheim, wie es ist, wenn Bandenkämpfe ausgetragen werden, wenn man sich unter ca. 150 anderen Jugendlichen in einem Alter zwischen 14 und 19 Jahren seinen Platz erkämpfen und auch dauerhaft erhalten muss, oder nach Disco- oder Kneipenbesuchen gegen zwei oder mehr Gegner die mit zum Teil bis zur Unterwäsche blutigen Kleidung endeten.

Einen Gegner hatte ich, der ca. 15kg schwerer, einen halben Kopf größer, betrunken und wie von Sinnen war, in der Gaststätte Huiras in München, bei dem vier Polizeibeamte zum Schluss notwendig waren, ihn ins Polizeifahrzeug zu verfrachten. Der einzige Schaden den ich hatte, war eine deformierte Brille und zum Dank einen Schnaps vom Wirt für meine Unannehmlichkeiten.

Ich habe durch meinen sechsjährigen Asien-Aufenthalt erlebt, wie es ist, wenn ein guter Freund und Thaiboxer durch ein Messer ums Leben kommt, weil es sein Ego bzw. seine asiatische Mentalität nicht anders zuließen. Keine sehr schöne Erfahrung. Oft hatte auch ein gut platzierter Spruch eine Situation geklärt. Auch dies gehört zur Selbstverteidigung.

Fast alle Zeugen dieser oben beschriebenen Ereignisse leben noch und können befragt werden, auch wenn es zum Teil schon jahrzehnte zurückliegt.

Es hat viele Beulen, Verstauchungen oder sonstige Verletzungen gegeben, doch ich konnte jedes Mal auf eigenen Beinen und ohne große Verletzung nach Hause gehen, auch wenn es manchmal zum Teil durchaus schmerzhafte Erfahrungen waren. Meistens hatten die anderen, glücklicherweise für mich, mehr an ihren misslichen Erlebnissen zu knabbern.

Diese gemachten Erfahrungen nun versuche ich meinen Schülern im Training und z.T. hier in diesem Buch in der Hoffnung, dass sie es annehmen, zu vermitteln und in mein tägliches Training mit ihnen einfließen zu lassen.

Wichtig für einen Schüler ist zu wissen, was der Ernstfall ist und wieweit Training geht.

Er soll im Training „gegen mehrere" lernen, dass man nicht gleichzeitig gegen alle angehen kann. Ungestümes Vorgehen selbst gegen nur einen Gegner wird ihn in der Regel immer in einen Konter laufen lassen.

Ich versuche mit unserem Training „gegen Mehrere", dem Schüler bestimmte Verhaltensregeln und Strategien bzw. Taktiken aufzuzeigen und gegebenenfalls eigene wirksame zu entwickeln und anzuwenden bzw. auszuprobieren.

Dieses „Ausprobieren" geht nur im Training. Im Ernstfall hab ich keine Möglichkeit mehr zu testen.

Auch sollte man nicht glauben dass, weil man die Wand im Rücken hat, es einen Vorteil verspricht, weil man im Rücken dann nicht angegriffen werden kann.

Sie können in diese Richtung auch nicht weglaufen.

Das gleiche passiert, wenn Sie sich einkreisen lassen. Auch hier ist der Fluchtweg abgeschnitten.

Wie schon oben erwähnt, halten Sie sich nicht zu lange mit einem einzelnen Gegner auf sonst geht's zu Boden und da sind die Chancen noch viel geringer, weil alle auf Sie eintreten werden und Sie ebenfalls nicht wegrennen können, was hier in so einem Fall absolut Sinn machen würde. Sollte es keine andere Möglichkeit geben sich waffenlos zu helfen, ist es meiner Meinung nach durchaus hilfreich, einen Gegenstand als Mittel bei der Verteidigung gegen mehrere Gegner zu verwenden.

Sifu Stauner demonstriert eine Technik aus der
Langstock-Form

Ving Tsun – Waffe oder nicht?

Kann man *Ving Tsun* nun als eine Waffe in den Händen eines Kriminellen sehen? Oder ist es vielmehr das genaue Gegenteil?

Wir sehen es folgendermaßen: *Ving Tsun* hilft uns, ausgeglichener, weniger aggressiv und ruhiger im Leben zu sein?

Wenn wir aber nun Personen befragen, die generell nichts mit Kampfkunst zu tun haben oder denen sie absolut fremd ist, werden diese sicher mit dem ersten Satz konform gehen.

Das ist ganz verständlich. Für Laien sind Kampfkünste, in unserem Fall *Ving Tsun*, einer Waffe gleichzusetzen.

Nun, es kann für Laien diesen Schein haben. Die Wahrheit aber ist, dass den Kampfkünsten hier eine Mystik, Kraft und Wichtigkeit zugesprochen wird, die es nur bedingt gibt.

Die Fäuste und Beine eines *Ving Tsun*-Kämpfers sind ebenso wenig speziell tödliche Waffen noch etwas gleichartiges. Dies sind sie auch, von egal wem auch immer.

Diese Anführung ist genauso dümmlich wie das *Nunchaku*-Verbot. Ein gut geschärftes Küchenmesser wird öfter als Tatwaffe verwandt als eben diese *Nunchakus*. Früher wurde alles als tödliche Kampfkunst bezeichnet. Heute machen so viele Menschen Kampfsport und keiner von denen geht herum und erwürgt oder schlägt ständig Leute.

Kampfkünste sind ein hervorragendes Mittel um Kindern sowie auch noch Erwachsenen Disziplin, gute

Verhaltensregeln, Aufrichtigkeit und Respekt ins Leben mitzugeben.

Wenn Sie nun zum Beispiel jemanden schlagen, kann es sein, dass derjenige eben zurückschlägt.

Hier fängt die erste Stufe unserer Verwaltung der Gewalt an. Diese Gewalt ist nämlich eine Waffe, die durchaus auch zwei Richtungen hat, und es soll erkannt werden, dass diese Gewalt eben niemand gerne spüren möchte.

Laien denken oft, dass dieses Wissen über Kampfkünste ohne irgendein Zutun kommt. Sie wissen eben nichts von dem überaus notwendigen Willen, dem Wertempfinden sich selbst zu übertreffen, den daraus resultierenden Kompromissen, den vielen, oft täglichen Anstrengungen und den vielen Enttäuschungen eines harten Kung Fu-Trainings.

Auch nichts von Schmerzen und Verletzungen und dem Akzeptieren von gewissen Grenzen, um diese später zu übertreffen, und noch weniger vom Respekt, der sich langsam für den anderen aus Überzeugung aufbaut und entwickelt.

Wenn man einen fähigen Meister hat, ist *Ving Tsun* ein System, das eine perfekte Mischung ist, um eine ausgezeichnete Verbindung der inneren und äußeren Erkenntnis zu bekommen, ebenso zwischen theoretischem und praktischem Lernen, sowie der persönlichen Entwicklung.

Ich bitte euch .....! Einen Faustschlag kann jeder ausführen.

Dies ist sicher keine besondere Wissenschaft.

Das *Ving Tsun* lehrt eben einen festeren Schlag zu geben viel wirksamer, viel schneller und viel ausgeklügelter.

Aber, um dies zu erreichen, bedarf es eines langen und ausdauernden Trainings, denn niemand kann zaubern oder bekommt es in die Wiege gelegt.

Richtige „Kampfkunst“ lernt man nicht in drei, vier Jahren. Und wenn man es dann schließlich weiß, wie man so einen Schlag austeilt, ist man nicht mehr die gleiche Person wie am Anfang seines Trainings.

Diese Techniken lernt man eben nicht von einem Tag auf den anderen.

Glauben Sie mir, die Zeit die notwendig ist um die Techniken zu erlernen, ist unendlich verglichen mit der Zeit die aufgebracht werden muss, um die körperlichen Kondition und notwendigen Fähigkeiten wie Beweglichkeit, Koordination, Timing usw. zu erlernen.

Die Wahrheit ist, dass die Kampfkünste wie *Ving Tsun* mehr sind als nur eine Waffe, mit der man perfekt und tödlich schlagen kann – nämlich ein langer und anstrengender Weg.

Wenn jemand behauptet, *Ving Tsun* sei leicht erlernbar, glauben Sie ihm nicht. Mag ja sein, dass die eine oder andere Technik daraus leicht erlernbar ist, *Ving Tsun* selbst ist es definitiv nicht. *Ving Tsun* ist eine Kampfkunst, eine Philosophie des Lebens, keine Schlägerei.

„Zu all der Philosophie ist Ving Tsun trotzdem wie eine Versicherung, die wir abschließen in der Hoffnung, dass wir sie niemals benötigen!“

Kontrolle und Ausrichtung

An alle Lehrer und ehrgeizigen Schüler...

...möchte ich ganz zum Schluss noch folgendes anfügen:

Verwechseln Sie Effektivität im Training auf gar keinen Fall mit unnötiger Härte!

Das Training macht dem Schüler oder Trainingspartner viel mehr Spaß, wenn man sich zwar an der Realität orientiert, aber diese nicht übertreibt. Es soll immer noch ein Training bleiben.

Die Realität kann man nicht imitieren, glauben Sie mir.

Ich habe die Realität erlebt.

Sifu Ulrich Stauner

Ng Chun Hong Seminar 2007

Der Ving Tsun-Stammbaum von *Yim Ving Tsun* zu Sifu Ulrich Stauner

Yim Ving Tsun		
Leung Bok Chao		
Wong Wah Bo		
Leung Lan Kwai		
Leung Yee Tai		
Leung Jian		
Leung Bik	*Chan Wah Chun*	
Yip Man		
Leung Ting	*Wong Shun Leung*	*Moy Yat*
K.R.Kernspecht	*Gary Lam*	*Sunny Tang*
		W.Leuschner
Ulrich Stauner		

v.l.n.r: Peter Hsu, Gary Lam, Ulrich Stauner, Clive Potter, Werner Leuschner

Das ist das Letzte........

Kritik an anderem!
Der Artikel für neue Diskussionen!

Ich erlebe es seit nahezu dreißig Jahren und in letzter Zeit immer gehäufter und aggressiver:

Die Kritik an anderem, selbst nie gekanntem oder versuchtem.

Jeder der existierenden *Ving Tsun*-Stile nimmt für sich in Anspruch, das beste System zu vertreten. Einige Vertreter dieser Stilrichtungen sind gerade mal 18 – 20 Jahre oder jünger und brüsten sich mit *Ving Tsun* Kenntnissen die meinen Lehrer vor Neid erblassen lassen würden.

Andere haben außer Beleidigungen keinerlei Argumente.

Wiederum andere setzen unsinnige Gerüchte in die Welt um vielleicht die Nachbarschule aus dem Geschäft zu drängen und um damit zu beweisen, wie gut ihre Charaktereigenschaften durch die Kampfkunst geworden ist.

Dann treten zwei Vertreter eines Stiles gegeneinander an um zu testen, wer das bessere *Ving Tsun* hat, wobei einer 100Kg auf die Waage bringt und zwei Meter groß ist, der Gegner dann 60Kg wiegt und eins sechzig klein ist.

Wo lässt sich hier ein Vergleich schließen? Die physikalischen Gesetze gelten auch für *Ving Tsun* Kämpfer.

Wichtig ist doch im Endeffekt, ob mein *Ving Tsun*-Stil in der von mir benötigten Situation auf der Strasse funktioniert hat, und nicht in einem unsinnigen Vergleichsduell.

Über Unterschiede einer Form oder Technik zu diskutieren, wenn man selbst unkompetent ist, ist so interessant wie wenn in China jemand Reis ißt. Wichtig ist zu wissen, wie die Inhalte zu funktionieren haben und wie sie derjenige **persönlich** im entscheidenden Moment braucht.

Viele Vertreter kritisieren an einem Stil irgend eine Besonderheit, während sie aber genau das gleiche machen. z.B. Bei Vorführungen oder Clip-Demos heißt es immer, der Partner wehrt sich ja gar nicht. Bei einer Vorführung hat er sich ja auch nicht zu wehren, sonst wäre es ja der Ernstfall und nicht eine Demo. Und, er wehrt sich nicht, weil er eben nicht verletzt werden möchte. Was interessant ist, dass solche Kommentare aus der Stilrichtung kommt, die von sich behauptet das beste ***Ving Tsun*** zu betreiben, nur, selbst können sie es nicht anders, weil Training eben Training ist und kein Kampf.

Diejenigen, die am lautesten schreien und kritisieren, sind diejenigen die überhaupt noch nichts zustande gebracht haben.

Weil ihr Stil so geheim ist?

Nein, weil sie es nicht besser können, sonst würden sie es sicher zeigen.

Warum kann man also nicht jedem sein Ding machen lassen?

Ving Tsun ist, egal wie betrieben, eine Kampfkunst, die ihresgleichen sucht (rein meine Sicht).

Sie ist schön (für mich), sie ist sehr gut (unbestritten), sie macht Spaß (sonst würden wir es nicht machen), sie hält fit (in Grenzen), sie ist logisch und für alle geeignet, die lernen wollen wie und wann man sich sicher verteidigen kann, vorausgesetzt der Wille dazu ist da.

Deshalb sollte man solche Wichtigtuer und Besserwisser ignorieren und sich auf das konzentrieren, was für uns wichtig ist:

VING TSUN KUNG FU

Denn ich glaube, jeder gibt das für ihn Beste, und nicht das Schlechteste. Oder?

Außerdem: Man sollte nicht übertrieben mystisches in asiatische Kampfkünste legen.

Auch chinesische Kampfkünstler haben nur zwei Arme und zwei Beine.

Die Erde hat nun mal Gravitation und die physikalischen Gesetze lassen sich durch *Ving Tsun* nicht aufheben sondern lediglich etwas zu unseren Gunsten verschieben.

"Man sollte sich in Vergleichskämpfen nicht als Ving Tsun Mann / Kämpfer präsentieren und wichtig machen, wenn man nur Bruchteile daraus erlernt hat und demzufolge unkompetent ist. Diese lächerlichen Vergleichskämpfe, die von solchen Möchtegerns geführt und dann verloren werden, schaden dem Ruf des Ving Tsun - Kung Fu in der Öffentlichkeit nachhaltig."

Sifu Stauner

Über den Autor

Von Sifu Ulrich Stauner kann man ohne Übertreibung behaupten, dass er sein Handwerk in nahezu drei Jahrzehnten von Grund auf gelernt hat.

Heute, mit nahezu 50 Lenzen, ist er einer der wenigen Meister, die nicht nur einen, sondern drei *Ving Tsun*-Stile gelernt haben und der zwei weitere kennen gelernt hat.

Sein Kenntnisse über *Ving Tsun* Kung Fu gehen weit über das normale Technikwissen hinaus.

Ein Lehrer, der sein Wissen in einer ruhigen und bedachten Art und Weise an seine Schüler weiter zu geben versucht, ohne Fantasietechniken und Meistergehabe.

Sein Bedürfnis, *Ving Tsun* im Kampf zu demonstrieren, übernimmt er auch mit fast 50 Jahren in den meisten Fällen noch immer selbst.

Nun hat er einen kleinen Teil seines Wissens über *Ving Tsun* Kung Fu in diesem 300 Seiten starken Ratgeber und Nachschlagewerk niedergeschrieben, das nicht nur technisch wichtige Details enthält, und deshalb gleichermaßen für Anfänger wie Fortgeschrittene überaus interessant sein dürfte.

Seine weitreichenden Kenntnisse gibt Sifu Stauner nicht nur im Normalunterricht weiter sondern auch in Seminaren, zu denen er gerne geladen wird, egal ob im

Ving Tsun-Kung Fu oder dem *Larga Muton*-Escrima Waffenkampf – Stil.

In beiden Stilrichtungen kann man ihn durchaus als absoluten Könner bezeichnen, der bei den namhaftesten *Ving Tsun*-Meistern gelernt hat.

Das Ziel Sifu Stauner's ist es, dass der Schüler, der zu ihm kommt, das bei ihm erlernte *Ving Tsun* Kung Fu funktionsfähig anwenden kann, sollte die Situation es erfordern.

Das Hauptaugenmerk dieses Werkes ist darauf ausgerichtet, dem Interessierten zu helfen, etwas über den eigenen Tellerrand seines Stiles zu schauen.

Einer seiner Aussprüche an seine Schüler sagt das meiste über ihn aus;

„Solange ihr bei mir Unterricht bekommt, und keine eigenen Schüler habt, macht ihr am Besten alles so wie ich es euch zeige. Wenn ihr später unterrichtet und dann immer noch alles so macht wie ich, habt ihr *Ving Tsun* Kung Fu einfach nicht richtig verstanden, denn jeder muss in der Lage sein, sein *Ving Tsun* zu finden, um es für sich selbst zum Funktionieren zu bringen".

Sifu Stauner gibt dem „Lernwilligen" das optimale Werkzeug an die Hand, das er zur erfolgreichen Selbstverteidigung benötigt.

Was heißen soll, dass seine Schüler keine Kopien von ihm werden sollen, sondern sich dann selbst entsprechende Gedanken zu machen haben, was für sie optimal ist.

Die Unterrichtsweise Sifu Stauners umfasst alle wichtigen Aspekte einer funktionierenden Selbstverteidigung für den, der gewillt ist zu lernen.

Zusammenfassend sei gesagt, dass dieses vorliegende Werk ein durchaus wegweisendes Buch von einem Meister ist, dessen Erklärungen und Ansichten ohne Zweifel Hand und Fuß haben.

Anhang

Sifu Ulrich Stauner erreichen Sie über

Ving Tsun & Escrima International
Brunngartenstr. 5
85221 Dachau
Deutschland
Tel.: 08131 – 27 60 60
http://www.vingtsun-kuen.de

Weitere ausgesuchte Artikel sowie DVDs und Bücher zum Thema *Ving Tsun* Kung Fu und Escrima-Waffenkampf finden sie unter

http://www.vingtsun-kungfu.biz

Auf den folgenden Seiten finden Sie interessante Unterrichtsmaterialien von und mit Sifu Ulrich Stauner.

CURRICULUM

Ausbildungsprogramm

„level one“

SIU NIM TAO
CHUM KIU
BIU TSE

1. double *Tan Sao*
2. double *Bong Sao*
3. double *Quan Sao*
4. triple *Quan Sao*
5. one hand cover two
6. side *Lap Sao*
7. seven hands fighting
8. side *Pak Sao*
9. correct *Bong Sao*
10. wrong *Bong Sao*
11. five pulling hands
12. Closing Basics
13. *Deng – Deng Lap Sao*
14. inside correct *Pak Sao*
15. wrong inside *Pak Sao*
16. twelve hands *Pak Sao*

“whole set of *Muk Yan Chong*”

"level two"

1. two hands on top
2. two hands under
3. control centerline
4. breaking Powerpoints / centerline / closing
5. correct *Bong Sao Po Pai*
6. wrong *Bong Sao Po Pai*
7. *Chi Gerk* and Footwork
8. six *Po Pai* hands training
9. ten hands / leg action
10. eight style ving tsun kicking
11. *poon sao* training
12. *Fung Hao Sao* training

"whole set of LUK DIM POON KWAN"

"level three"

1. skill training technics
2. fighting strategy
3. coaching technics
4. Baat Chum Dao training / weapon fighting

"whole set of BAAT CHUM DAO"

Zu beachten ist, dass diese oben angeführten „level" nur das Skelett unseres umfangreichen Lehrprogramms sind.

Die Ausbildungszeit variiert je nach Talent, Vorkenntnissen und Zeitaufwand des jeweiligen Schülers.

Unser Intensivunterricht (siehe www.vingtsun-kuen.de) beinhaltet den kompletten „*level one*" bis zum Lernziel.

DVD: Der Ving Tsun Tan Sao

Ein Leckerbissen auch und gerade für Fortgeschrittene! Die gezeigten Techniken sind sehr fortgeschritten. Gerade der *TanSao*, den man bereits in der ersten Stunde *Ving Tsun* erlernt, hat Anwendungen, die erst der fortgeschrittene *Ving Tsun*-ler erfolgreich ausführen kann. Hier werden sie erstmals gezeigt! Sifu Ulrich Stauner, Schüler von Master *Gary Lam*, zeigt Ihnen auf dieser DVD ausführlich und sehr detailliert ca. 25 Min. lang seine Sichtweise des *Ving Tsun-Tan Sao*. Diese Art der Technikdarstellung wurde bisher noch nie aufgegriffen und ist weltweit bisher einzigartig. Sie erfahren bis ins Kleinste, wofür der *Ving Tsun-Tan Sao* verwendet wird und auch, was man aus unserer Sicht falsch machen kann, aus der Distanz und aus dem *Chi Sao*. Diese Produktion ist der 1.Beitrag einer Serie über die wichtigsten Techniken des *Ving Tsun*. Diese DVD ist ein Muss für alle, die ein tieferes Verständnis von den Möglichkeiten von *Ving Tsun* erlangen wollen.

http://www.vingtsun-kungfu.biz

DVD: Der Ving Tsun Bong Sao

Sifu Ulrich Stauner erklärt und demonstriert in diesem 2.Beitrag der roten Serie bis in die Feinheiten die Anwendung des *Ving Tsun Bong Sao* aus der Distanz und aus dem *Chi Sao* heraus. Sie erfahren wofür und wann der *Bong Sao* verwendet wird und auch, "warum er so Manchem Schmerzen bereitet" , d.h. auch was man falsch machen kann.

Auch dies eine Unterrichts-DVD die den Schüler weiterbringt. Die reichhaltigen Informationen über den "*Bong Sao*" sind sowohl für Anfänger als auch für Fortgeschrittene geeignet, ihr *Ving Tsun*-Wissen enorm zu verbessern.

28 Jahre *Ving Tsun*-Praxis auf einer Scheibe! Laufzeit knapp 30 min.

http://www.vingtsun-kungfu.biz

DVD: Der Ving Tsun Pak/Deng Sao

Im 3.Teil der roten Serie über die wichtigsten Techniken des *Ving Tsun* demonstriert Ihnen Sifu Ulrich Stauner ausführlich und detailliert seine Sichtweise des *Ving Tsun-Pak Sao* und des *Deng Sao*. Diese Art der Technikdarstellung ist auf der Welt, insbesondere im deutschsprachigen Raum, einzigartig. Sie erfahren neben vielen Feinheiten, warum diese beiden Techniken des *Ving Tsun* so effektiv sind.

Laufzeit knapp 30 min.

http://www.vingtsun-kungfu.biz

DVD: Die Siu Nim Tao

Das Standardwerk über die *Siu Nim Tao*. Diese Form ist die erste, die der VT-Schüler lernt. Es werden alle Techniken ausführlich erklärt und ihre Anwendung demonstriert.

Zusätzlich enthält diese DVD Details, die sonst nirgends erwähnt werden und die für die Anwendung dieser Techniken von grundlegender Bedeutung sind.

Auch für Anhänger anderer Stilrichtungen ist diese DVD interessant, da Sifu Stauner die Techniken aus der Sicht der *Wong Shun Leung*-Linie erklärt.

Für jeden Anfänger ein Muss, und für die Fortgeschrittenen eine reiche Quelle seltener Informationen.
Sie werden begeistert sein! Laufzeit: 58 Minuten

http://www.vingtsun-kungfu.biz

DVD: Die Chum Kiu

Sifu Stauner hat sich eines der am seltensten behandelten Themen im *Ving Tsun* herausgepickt: Die *Chum Kiu* -Form. Unseres Wissens nach das erste deutschsprachige Unterrichtswerk über die *Chum Kiu*, die 2.Form des *Ving Tsun*. Diese DVD erklärt und demonstriert die Techniken der *Chum Kiu* und zeigt Möglichkeiten, sie anzuwenden. Im Gegensatz zur *Siu Nim Tao* werden hier die Techniken im Zusammenhang mit Schrittarbeit geübt. Die Eigenheiten des *Wong Shun Leung* Systems werden deutlich herausgestellt.

Auch diese DVD besitzt reichlich (12) Einsprungstellen, sodass ein einfaches Wiederholen von Sequenzen gewährleistet ist. Dadurch wird Lernen und Verstehen deutlich erleichtert. Außerdem fassen kurze Text-Tafeln wesentliche Punkte knapp zusammen. Diese DVD ist nicht nur für den Anfänger ein wertvolles Hilfsmittel. Auch der Fortgeschrittene findet hier Anregungen, die sein Können deutlich erweitern. Wie wir finden, die wahrscheinlich beste und ausführlichste deutschsprachige *Chum Kiu*-Beschreibung auf DVD. Laufzeit: 42 Minuten

http://www.vingtsun-kungfu.biz

DVD: Die Biu Tse

Rettung in letzter Sekunde

Ving Tsun-Meister Sifu Stauner erklärt und demonstriert ihnen hier die „Notfall-Form“ des *Ving Tsun*, Theorie und Anwendungen.

Sifu Stauner zeigt auf, wie die Techniken der dritten *Ving Tsun*-Form zu handhaben sind und gibt Beispiele, wie man sich aus Situationen rettet, aus denen es augenscheinlich kein Entkommen gibt bzw. man glaubt, schon verloren zu sein.

Die Form selbst wird wieder komplett gezeigt und anschließend in ihre einzelnen Sätze aufgeteilt.

Zahlreiche Einsprungstellen erleichtern das Studium.

DVD: Die Muk Yan Chong

Muk Yan Chong – der Pfahl mit Armen

Ving Tsun-Meister Sifu Ulrich Stauner erklärt und demonstriert ihnen in auf dieser DVD die Form und Anwendung eines Trainingspartners, der es in sich hat: die *Ving Tsun*-Holzpuppe.

Mit den Anwendungen dieser fortgeschrittensten waffenlosen Form im *Ving Tsun* soll der Schüler lernen, mit der Zentrallinie, seinen Winkeln zum Gegner, Schritttechniken, Handpositionen und Fußtritten umzugehen, und diese entsprechend anzuwenden.

Obwohl die Holzpuppe ein „toter" Gegenstand ist, zeigt sie uns doch auf beeindruckende Weise unsere Fehler auf. Lassen sie sich die Holzpuppenform des *Ving Tsun* von Sifu Stauner näher bringen und erklären.

http://www.vingtsun-kungfu.biz

DVD: Escrima, Vol.1

Unser Bestseller! Diese DVD wird nachgefragt wie kaum eine andere, weil sie die Grundlagen in hervorragender Weise vermittelt. Formen, Einstocktraining, Doppelstock, Nervenstocktechniken, Klingenkampf sowie waffenlose Techniken.
Laufzeit: ca. 45 min.

http://www.vingtsun-kungfu.biz

DVD: Escrima, Vol.2

Schon die erste DVD, Vol.1, über die Grundlagen ist schnell ein Bestseller geworden. Diese zweite DVD ist noch besser, noch reichhaltiger.
Diese DVD des *Larga Muton*-Escrima führt sie in den Bereich, für den Escrima ursprünglich entwickelt wurde. Die Verwendung für die eigene Selbstverteidigung mit Stöcken und Alltagsgegenständen.
Larga Muton-Fullinstructor Ulrich Stauner zeigt ihnen die Nutzung von Stöcken, Handys, Nervenstöcken, Regenschirmen, Klappmessern und auch waffenloses *Larga Muton*-Escrima.
Selbstverständlich wird auch erklärt, warum wir ausgerechnet so auf bestimmte Angriffe reagieren und nicht anders.
Weiterhin wird intensiv auf die Problematik bei Messerattacken, die Escrima-Universalverteidigung, sowie Konzepte und Prinzipien eingegangen. Wie wir finden, ein hervorragend gelungener Einblick in die SV ohne "wenn und aber" und mit viel Hintergrundinfos.

Eine Escrima-Lehr-DVD, wie es sie im deutschsprachigen Raum noch nicht gegeben hat.

Die DVD ist in 18 Kapitel gegliedert, so dass man genügend Einsprungstellen für ein Studium hat. Die Techniken sind auch langsam vorgeführt, damit man sie wirklich verstehen und übernehmen kann.
Laufzeit 34 min.

http://www.vingtsun-kungfu.biz